净化心灵的力量

[美] 克里斯朵·汉森（Crystal Hansen） ◎著
毛 伟 田碧菲 ◎译

新世界出版社
NEW WORLD PRESS

北京版权保护中心引进书版权合同登记号：图字 01-2014-7210 号

图书在版编目（CIP）数据

净化心灵的力量 / (美) 汉森著；毛伟，田碧菲译 .—北京：新世界出版社，2014.10

ISBN 978-7-5104-5081-5（2019.1 重印）

Ⅰ. ①净… Ⅱ. ①汉… ②毛… ③田… Ⅲ. ①成功心理－通俗读物 Ⅳ. ① B848.4-49

中国版本图书馆 CIP 数据核字 (2014) 第 234299 号

净化心灵的力量

作　　者：(美) 克里斯朵·汉森（Crystal Hansen）
译　　者：毛　伟　田碧菲
策　　划：中资海派
执行策划：黄　河　桂　林
责任编辑：刘丽刚　张　帆
特约编辑：桂凤英　杨华妮
责任印制：李一鸣　王　芳
出版发行：新世界出版社
社　　址：北京西城区百万庄大街 24 号（100037）
发 行 部：(010) 6899 5968　(010) 6899 8705（传真）
总 编 室：(010) 6899 5424　(010) 6832 6679（传真）
http：//www.nwp.cn　http：//www.newworld-press.com
版 权 部：+8610 6899 6306
版权部电子邮箱：frank@nwp.com.cn
印　　刷：深圳市星嘉艺纸艺有限公司
经　　销：新华书店
开　　本：720mm × 960mm　1/16
字　　数：125 千　**印　　张**：14
版　　次：2015 年 1 月第 1 版　2019 年 1 月第 5 次印刷
书　　号：ISBN 978-7-5104-5081-5
定　　价：32.00 元

致中国读者信

致我亲爱的中国粉丝和读者们：

我的书《净化心灵的力量》能在中国出版，我感到激动不已。我与丈夫马克·维克多·汉森曾有幸到访中国，并且与许多友好的中国人交谈过。想到中国朋友们渴望达到更为幸福的状态，我非常高兴。我在心中一直给女性留有一个特别的位置，因为女性作为社会的孕育者，扮演着用智慧、爱和创造力推动人类前进的伟大角色。我创造了净化心灵的方法，希望帮助每个人理解自己内在蕴含的巨大能量。

在本书中，我将告诉大家如何破除头脑中混乱的思维，并且把它转变成最清晰、最纯粹、最能指导你通向成功与喜悦的思维状态。我希望大家在阅读本书，以及将它作为人生指南的过程中，能不断地实现梦想，获得不可思议的快乐！

祝福我的中国读者！

克里斯朵·汉森

权威推荐

幽兰女社社长　张乐华

《净化心灵的力量》给出了非常简便易行的实践办法，它让我们可以真正地洞悉和突破自身局限、拓展生命体验并充分发挥自身潜力和创造力。

香港・国际财富女人学院院长　韩艾桐

感谢好友克里斯朵・汉森为人们贡献这本书，静静品读，你会听到自己最真实的心语。智者唯有懂得掌控而不是受制于自己固有的思维，才能重拾生命的快乐与平静！

畅销书《穷爸爸，富爸爸》作者　莎伦・L. 莱希特

《净化心灵的力量》告诉了我们，生活到底会带来什么。当你发现原来这本书可以让生活变得乐趣无穷时，你一定会迫不及待地告诉身边的每一个人。

成功学体系创始人　贾齐·道格拉斯·本奇

读了《净化心灵的力量》之后，我恨不得每天都随身带着它，它给我的生活带来了巨大的价值。我甚至想，如果当年我刚刚步入工作阶段之时能有幸读到这本书，我会更认真地思考逝去的时光，从而让自己过上更理想的生活。这的确是一本可以引导人们走向光明的书，值得每天一读。

《百战天龙》的监制，编剧兼导演　比尔·弗勒利希

克里斯朵在本书中表达了自己深刻的见解。每翻过一页，你都会收获一份精神财富。我一直在思索如何理解生活，如何过上更好的生活，我极力推荐这本书。

众议院通讯总监　坎迪斯·桑迪

如果你希望花更少的精力就能拥有更轻松惬意的生活，那么你不仅要读完《净化心灵的力量》，还应将它常带身边，因为它是你我最佳的生活指南。

励志演说家，畅销书《旅行者的礼物》作者　安迪·安德鲁斯

《净化心灵的力量》拥有一种纯粹的魔力。它不断地引导，一步步启迪读者的心灵和大脑，帮助读者最大限度地丰富人生阅历。读完这本书，你将轻松地摆脱“混乱思维”的困扰。

PURE THOUGHTS FOR PURE RESULTS

推荐序

创造真正有价值的生活

马克·维克多·汉森
畅销书《心灵鸡汤》作者

思考就是一切！所有事物都源于思考。古代先哲曾经说过：“思考是万物之源。”

我的同事兼好友克里斯朵·汉森写的这本书，阐明了前人在实践中所累积的智慧和经验，它能给人们带来实际性的指导，帮助人们树立信心，勇敢面对困境。《净化心灵的力量》堪称一本完美的书，它能让我们的思维更加清晰。

上帝用自己的思考方式创造了宇宙万物，你我都被赋予了具备独立意识的思维，这种力量让我们创造出了属于自己的独特世界。当然，如果人们的思维混乱，那么他们将生活在混乱的世界里。

如果用正确的思维方式去思考，就会说出正确的话，采取正确的行动，最终得到理想的结果。随着时间的推移，正确的思考方式会促使人们用正确的方式谋生，从而过上更好的生活，形成健康的生活方式，并积累宝贵的经验，进而缔造伟大的人生。

克里斯朵·汉森通过讲述自己人生的跌宕起伏，以及她作为生活导师时指导他人的丰富经历，通过更高级的思维模式，完美地诠释了更高级的表现艺术。在正确的思维和理想的结果这一领域，她完全有资格写一本书，向人们普及相关知识，从而掀起一场热烈的讨论。这是一本可以改变命运的书，克里斯朵将帮助你制订一个明确的计划，将你从混乱的思维中解脱，向华丽的思维转变。读透这本书，就可以真正地学会如何净化心灵。

我曾经观察过好友克里斯朵，她知道如何正确思考，我想你一定也可以。她拥有的幸福生活、健康的生活方式、众多的朋友、巨大的财富和一片光明的前途，都归功于她懂得如何正确地思考，这种力量也会让她未来的生活变得更好。克里斯朵想让人们和她一样幸福，甚至比她更幸福。为了让人们的生活变得幸福如意，她写了这本与众不同的书。

尽情汲取她的智慧，运用它，学会正确思考，告别混乱思维。

这样，你就能创造出一种真正有价值的生活。

读过这本书之后，书中的见解、方法和技巧会赋予你神奇的能力，来发掘你最大的潜能。你可以结合自身的才智，将这些运用到实际生活当中，可以让心中所有的美好梦想、希望和追求最终开花结果。

最后，我非常感谢万物之源的上帝。

PURE THOUGHTS FOR PURE RESULTS

目 录

当你告别混乱思维，着手重建一个清晰的创造性思维时，这七大支柱，就是推动人生转变的力量之源。在生活中，新的挑战总是不期而至，无论何时，这些方法都会帮助你立足于根本性的事实，勇往直前，永不后退。

PURE THOUGHTS FOR PURE RESULTS

导言

从今天开始，书写一个截然不同的结局

有一天，我正从亚利桑那州的塞多纳驱车前往住处凤凰谷。当汽车行驶在一条美丽的红石子路上时，我灵感乍现，决定要写这本书。在过去的六七年里，塞多纳就是我神圣的天堂。在这里的每时每刻，我都感觉思路清晰、灵感不断。

在宽敞的大道上，我一边开车，一边看着山谷里迷人的景色，感觉自己是那么热爱生活，那么幸福。我想起了许多朋友和同事，他们一直在和生活做斗争，全然不像我这般热爱生活。我突然意识到，生活原本应该是一份礼物，值得被任何人热爱。当一个人无法热爱自己的人生，无法随心所欲地生活时，他该是多么可怜。

一路走来我也相当不易。事实上，我经常面临各种挑战，面对各种残酷的现实。为什么连我这样的人都可以快乐地生活，别人却做不到呢？我开始不断地问自己，我问过自己很多问题：

“我是如何一步步取得今天的成就的？”

“是什么方法使我达到了今天的高度？”

“我是如何克服这些困难，一直努力向前，过上自己理想的生活的？”

问自己越多的问题，我就越清楚地意识到，我的确是在一系列具体原则的支配下生活的。每次遇到困难，这些原则都会帮助我战胜它们，让我更加成功、快乐。于是我的脑海里蹦出来一些想法：我可以写一本书。这本书将教会所有人掌握那些我坚持的原则和方法，这样的话，也许这个世界上将会有更多幸福、成功的人，而这个世界也会变得更加美好。

我写作《净化心灵的力量》的初衷是要帮助人们了解大脑如何产生思维，以及这些思维如何支配情感与精神。人们将会了解到，思维模式是如何不断影响和作用于生活的。2006 年，励志电影《秘密》轰动一时，其故事情节让人激动不已。它向人们展示了获得成功和幸福的钥匙，这是电影大热的关键。但电影终究不能全面地向人们展示如何运用思维创造生活。我们的潜意识和思维模式持续不断地作用于身心，如果不明白这个道理，我们就会被它们一而再、再而三地迷惑。

有些人不愿相信吸引力法则，并声称它根本不起作用。事实上，吸引力法则正在潜移默化地影响着他们。有些混乱的思维隐藏在深处，操纵着他们的生活，然而，很多人却拒绝将它们挖掘出来。这本书将教会人们如何打破潜在的思维模式，从根本上重塑自己。

如果你懂得如何发挥创造性，那你的生活就不会再有任何困难，也没有任何东西能够阻挡你前进的脚步，你会真正地强大起来，战胜所有困难，在逆境中获得新生。我知道这是真理，我经历过这样的过程。我相信，从幼时开始，上帝就赋予了我重要的使命，让我迎接各种挑战，经历许多痛心疾首之事。所以，我必须更加努力地让自己重新找回快乐与平静。

成功和失败都会给我们带来启迪

坦白地说，我曾多次历经死亡阴影，无数次从痛苦的魔爪下逃脱，这让我学会了如何逃离痛苦。人生所有的成功和失败都会给予我启迪，让我从生理、精神甚至量子层面探索思维如何控制着我们的生活。在我读高中时，美国国税局起诉了我的父亲。父亲败诉了，他上缴完所欠税款后，被宣判到隆波克最混乱的监狱里服刑一年。父亲要离开妻子和九个孩子去监狱服刑，正常的生活忽然失控，那时的我感到无比羞耻、愤怒和恐惧。后来，每当我想起这段不幸的经历，莫名的恐惧便会涌上心头。

即使很多年过去了，我依然会因为父亲长期不在身边而缺乏安全感。在我十五岁那年，父母闹离婚，他们关系很僵，相处得十分不愉快。看到他们无数次争吵后，我和其他八个兄弟姐妹已然不知道自己到底是谁了。短短几年，我们脚下那片曾经无比坚实的大地分崩离析了。我们都在为找回自己而挣扎着，我知道读高中再也不能给我带来什么，所以我加快了学习的进度，高二就读完了所有课程，那年我才十六岁。三个月后，我努力尝试从痛苦和不安中恢复过来，正好当时有个男孩每天都对我说，没有我他会活不下去，所以我打算嫁给他。

刚满十七岁，我就与这个二十二岁的男孩结婚了。结婚时他的财产还没有我多，他每天也无所事事。当时我们都太年轻，太不成熟。三年后，我带着一个两岁大的孩子，挣扎着从这段失败的婚姻中走出来。我来到一个陌生的城市，在那里我没有工作，没有朋友，也没有家人在身边。我真的不知道自己接下来要做什么，可我的自尊心又太强，不愿向父母伸手求援。我唯一能做的就是自己想办法解决所有问题。为了买纸尿裤和食物，我曾去领取发放给贫民的粮票。但当我第一次在杂货店外排队，准备用掉粮票时，我从心底里鄙视自己。领取贫民粮票让我觉得自己很无能，接受救助的羞愧感深深地刺痛了我的内心。我无法接受当时的处境，我决心养活自己，一定要自力更生，能够挣钱支付水电费。那一刻，我暗暗对自己发誓，用掉这个月的粮票后，再也不去领了。那时候，我才二十一岁，正准备踏入成人的世界，想要掌控自己的生活。我想，如果一个人可以深刻地剖析自己，总能找到一些办法，让自己过上想要的生活。

第二天，我再一次阅读了大量的招聘广告，并向三个临时服务中介打了电话，还在这三家公司登记了信息，这样我就能源源不断地接到活儿干了。我几乎做过所有的工作，从记录员到接待员，再到商场展示柜的售货员。那时我学会了从事不同工作的诀窍，学会了如何与形形色色的人打交道，并且享受着充满新鲜感的生活。我一口气签了几份工作，有的要工作几个月，有的只需几天。渐渐地，我已经能支付水电费等日常花销，而且生活还充满了乐趣，那时的我感到极为幸福。

那段时间，有人找到我，问我是否愿意做模特。我觉得做模特也没有什么，于是就去了解了几家代理公司，最后我与一家顶级模特代理公司签了约。没过多久，我就成为了户外广告、电视广告中的模特，薪水也相当可观。

永远不知道下一步会发生什么

我用做模特挣的钱，去参加了售楼小姐的培训。拿到房地产销售许可证后，我去了凤凰谷的顶级房地产公司上班。没过多久，我竟然成为了月度最佳销售员。我挣了很多钱，第一次享受到了掌控生活的喜悦感。自此，我认为自己是一个很强大、很有能力的人，但生活依然很残酷，我吃了更多的苦头。

离婚两年后，我坠入爱河，再一次走进婚姻的殿堂。新婚第一年，我却完全感觉不到快乐。对男人，我非常没有安全感。我很清楚是童年时对父亲的极度不信任导致了这样的恐惧，我总是觉得所有的男人都不可信。有段时间丈夫非常专注于工作，我和他基本上没有交流，这让我深感孤独。此外，我还担心自己过度依赖丈夫，害怕辛苦打拼下来的事业化为泡影，所以那段时间我要不断与恐惧感做斗争。

很多时候，情感问题总是让我心烦意乱。但是我没有认输，下定决心要克服内心的不安，无论在哪里，都要寻找快乐之道。在接下来的几年里，我们有了两个女儿，我们决心要一起将两个女儿和一个儿子抚养长大。

此后，我全身心地做超级妈妈，努力学习并拿到大学学位，和丈夫一起建造并装修我们的房子，还在房地产上做了点投资。我努力经营着自己的小家，繁忙的生活使我忘记了内心的空虚。

但我和丈夫辛苦经营了十三年的美好生活，被前夫毁于一旦，因为他要争夺儿子的监护权，而两个男人都不想放弃对儿子人生的掌控。他们针锋相对，不惜一切代价，想方设法让自己胜出。我和儿子则陷入这两个男人的斗争里，无法挣脱。不过这场闹剧在儿子离家出走，去投奔他的住在犹他州的生父后，戛然而止。尽管我非常想让儿子回家，但我还是尊重了他的选择，让他在犹他州完成高中学业，可我的丈夫却没办法和我一样宽宏大量。

接下来的六年里，儿子一直在和忧郁症做斗争。他的离家出走让继父不再接纳他，这使得他也不再愿意和我交流，而他的亲生父亲也鼓励他不和我们交流。我常常想，我该如何改变这种冷淡的关系，又该如何帮助他？但儿子生活在犹他州，我生活在亚利桑那州，我真的无法给予他帮助。每当想到这些，我便备感失落、有心无力。儿子离开我的那些年，生活过得并不如意，艰辛与恐怖常常伴随着他。幸运的是，他最终意识到，他可以重获我的爱与支持。每每回想起那次时隔多年他重新叫我“妈妈”的场景，我的内心就充满感动。作为催眠治疗师，我竭尽所能帮助儿子恢复健康，不让病魔成为他人生路上的绊脚石。

历经数载，基于我个人的需要，我不断学习神经语言学(NLP)、催眠疗法、情绪释放疗法（EFT)、冥想等诸多治疗方法，这些课程让我明白，在意识的不同层次上，思维是如何发生作用的。我有幸聆听诸多圣贤和前辈的教导，从他们那里，我吸收了无数的观点、信念和价值观。我希望，这些可以让我以及我挚爱的人感受到伟大的力量，并将它们应用到自己的思维中。正是这种愿望，促使我不断寻找方法来启迪我们的人生。通过这些课程的学习，我可以顺利地帮助那些曾经和我面临同样问题的家庭走出困境。

奇迹的来临源于思维的转变

当我们必须面对那些心灵深处的痛苦时，我们时常觉得自己游走在崩溃边缘，甚至怀疑自己能否渡过难关。幸运的是，我们可以一边学习一些方法，一边积极地调整情绪，以一种更健康的方式克服困难，迈步向前。

在生命的某个时刻，我们每个人都要被迫面对一些事情，这些事情让我们手足无措，更别谈向前迈进以创造更好的生活了。如果有一天，我们再也无法忍受自己的生活方式，那么是时候对自己的思维进行一次彻底的清理了。我们必须从改变思维着手，因为这才是人们生活的控制中心。思维可以对我们的人生经历进行诠释和提炼，我们的灵魂通过它得以在世间展现。

思维这个概念不仅涵盖了大脑里所进行的活动，还包括独立于我们身体器官的意识。我在本书中所说的“思维改造”，更多的是指心理的过程。同样,我所说的深藏于脑海中的“潜意识”也超越了生理界限，它不断地参与到我们知识、智慧与形态的相互作用中。

完成这本书之前，我拟了一百多个书名。有一天，当我正专注于其他事情时，这样一个书名突然在脑海中闪现。《净化心灵的力量》描述了思考的终极状态。纯粹而清晰地进行思考，思维就不会混乱，最强大的创新思维也会应运而生。

我所从事的工作让我有机会见证生活中奇迹般的转变。我曾见过一些人，他们的生活被无尽的抑郁笼罩着，如今他们完全摆脱了抑郁；我曾见过一些人，他们经历了极大的痛苦和恐惧，但他们学着慢慢释放恐惧，并且试着相信这些只是生活的一个过程；我曾训练过一些把体重看得比身份还重要的人，让他们重新过上自由和健康的生活；我也曾帮助过一些染上致命烟瘾和毒瘾的人，最终他们永远地告别了尼古丁和毒品。

我尝试了无数的方法去帮助人们改变，即使有的方法会被质疑。总结来说，生命中每一个奇迹般的转变，都来自于思维的转变。作为指导者、见证者以及知识的探求者，我从来访者身上同样学到了很多。在一次次与来访者的互动交往中，我深深地感到，人类精神及其永远无法被打败的品质，是如此的令人敬仰。

在生命旅途中经历过的所有快乐与痛苦，引领我站在这里。我希望通过这本书与大家分享我的经历，我希望它能为大家开启一扇新的大门，帮助大家清楚地看到身前身后的路。

第一部分

思/维/转/变/的/阻/碍

YOUR MIND MAKE OVER FRAME WORK

你是否一直被事业和金钱所折磨？当你为了生存而工作时，是提心吊胆还是充满热情？在职业生涯的发展中，你是按照规划稳步向前，还是漫不经心停滞不前？

第 1 章

你究竟在为谁而活？

星星无法掌握我们的命运，我们的命运掌握在自己手中。

——莎士比亚

“你究竟在为谁而活？”这看上去是个愚蠢的问题，你会说：“我当然是沉浸在自己的生活里，全身心地为自己而活。”你努力去完成繁重的日常任务，想把所有的事情都处理得妥妥当当，可还是时常担心一切突然变得一团糟。有时焦虑、沮丧或崩溃感让你不堪重负，有时体重或健康问题会困扰着你，有时那些棘手的人际关系又会使你寝食难安。亲爱的，请将目光放在自己身上，看看自己是左右逢源还是孤家寡人？是沐浴在爱的暖阳中，如愿和挚爱幸福地生活在一起，还是爱已干涸，生活了无生趣，抑或是爱根本不存在于你的生活中？

事业和金钱状况又如何呢？你是否一直被事业和金钱所折磨？当你为了生存而工作时，是提心吊胆还是充满热情？在职业生涯的发展中，你是按照规划稳步向前，还是漫不经心停滞不前？

私下里自我反思时，或许你会很好奇，自己怎么会在这里失败？但这就是生活，对吧？你是否会停下来，认真地思考一下你当前的生活是什么样子，并对此做出评价呢？如果你肯花一些时间，去看一看生活所呈现给你的一切，了解它是以何种姿态呈现在你的面前，随着时间的推移，你的生活是否有一个从未改变过的主旋律？你会得出一个什么样的结论？当你站在生活的身后，看到的会是什么？

是什么在困扰着你？

如果你可以诚实地回答自己，你就会承认，实际上只有那么几个问题一直在困扰着你，可这些问题却以不同的方式一遍又一遍地重复出现，虽然环境甚至对象不尽相同，但呈现的问题却始终一致。

当你总结生命的历程时，是否会质疑当前存在的问题，并相信事情可能会不一样？抑或是你已接受，认为这就是生活，这就是你的命运？你是否认为，即使解决了当前的问题，还会有更多的问题出现，问题是永远解决不完的？对很多人来说，生活好像是上天注定的，他们只能可怜地接受生活，这是无法改变的事实，生活超出了他们的能力和控制范围。

改变生活之旅起航之前，让我们先来花一点儿时间做些练习吧。你无需在意答案，跟着自己的感觉，把练习做完。答案没有对错，你的选择只代表你自己的想法。让我们从这里开启你的旅程吧。

1. 你现在处于理想的生活状态吗？（圈出你的答案）

是　不是

2. 在哪方面，你获得的满足感最小？（1 ~ 10 分，10 分为满分）

金钱 / 职业_______人际关系_______

健康_______体重和身材_______

精神状态_______生活目标 / 对社会的贡献_______

3. 你的生活是否超出了自己的掌控？（圈出你的答案）

是　不是

4. 你是否会觉得在通往理想生活的路上有阻碍？（圈出你的答案）

是　不是

5. 你是否觉得自己对于改变一些事情显得有心无力？（圈出你的答案）

是　不是

6. 你所做出的决定是否更多由他人掌控？（圈出你的答案）

是　不是

7. 如果你现在决定做一些改变，你是否有足够的勇气与能力？（圈出你的答案）

是　不是

8. 对于上面的问题，你曾多久前这样思考过？（用自己的话回答）

____

____

回答完上述问题后，请闭上眼睛，问问自己："我理想的生活究竟是什么样的？"别睁开眼睛，听从来自内心的回答。睁开眼睛的时候，写下你脑海中出现的所有词汇，这些词都是你对自己理想生活的憧憬。

通过这种具象化的练习，理想生活的蓝图就会呈现在你眼前。看看自己的理想生活，和当前的生活相比，是否有些相似之处，抑或你的理想生活只不过是别人的生活而已？

你是否可以想象，在你理想的蓝图中，以前面对的最大困难居然不存在了？你是否可以看到一个体魄强健、充满活力、身材匀称的自己？是否能看见自己已经摆脱陋习，和那些挚爱的人、尊敬的人融洽地在一起工作和生活？你是否在一条通往成功的职业道路中，从事着自己最喜爱的工作，每天都饱含热情？

把勾勒的理想生活跟现在的生活进行比对，在 1 ～ 10 分的范围内，如果理想的生活是 10 分，那么你会给现在的生活打几分？

你是否相信，自己终究会过上理想的生活？如果不相信，原因在哪里？我们都看到，有的人在享受着那种令人羡慕的生活，而为什么替别人塑造理想的生活，往往比为自己塑造更简单？强健的体魄、匀称的身材、良好的习惯、和谐的人际关系，以及令人兴奋、可以实现理想和抱负的工作……这样的生活难道只配让别人拥有？

是什么让我们放弃了自我？

如果你没有在通往理想生活的轨道上前行，那么你又在为谁而活？停下手中的事情，认真思考这个问题。你是否发现，许多人的生活其实并不如自己所愿。想要解决这个难题，不妨设想一下理想生活的样子，我希望把阻碍实现理想生活的问题都归拢到一起，然后一并解决。

这就是我写这本书的初衷。我想帮助大家从内心深处发掘出那些阻碍因素，帮助大家走上梦想之路。在阅读的过程中，我会引领大家一起进行一次发现之旅，找出创造真正属于自己的生活的方法。这个过程将会让你真正开始转变，一种满足终极期望的理想生活也将指日可待。完成这次发现之旅后，你会惊奇地发现自己已经过上了精心设计的生活。而且此次发现之旅并不需要你去冒险跋涉，因为解开生活秘密的钥匙其实就在你心里。

这是一次心灵的旅程，我们可以把它当成一次潜能的发掘。在此次旅程中，我们可以一起来看看潜意识里到底隐藏着什么。我们的潜意识中深藏着经年累月沉淀下来的计划、回忆、信念与态度。当我们把这些暴露在阳光下，就可以有意识地分辨出哪些计划、回忆、信念与态度可以帮助我们实现心中的愿景。

分辨完之后，再读第二部分的七大支柱，相信每个人都可以清楚地找到是什么阻碍着你的成功之路。第二部分中的每一章都会为你提供方法和技巧，循序渐进地为你指明前进的方向，从而让你找到使生活发生翻天覆地变化的新方法。任何人都可以用这种方法改善、创造或重塑自己的生活。

人们每天都在与各种各样的问题抗争。作为生活导师和催眠师，我经常看到有些人在与情感、精神以及身体上的痛苦做斗争；有些人在事业即将取得巨大成功时却开始逃避；有些人不停寻找通往成功之路，却始终摸不到正确的方向；有些人深信他们永远也赚不到自己期望的财富；有些人几乎放弃了自己渴望的爱情。

然而当你遇到困难时确定自己有潜能抓住不想放弃的东西，

是否会让你变得不同呢？如果你能一直勇敢地站在困难面前，相信自己不仅可以战胜困难，同时困难还会让你变得更强大、更兴奋、更睿智，这是否又会让你变得不同？

你错过了什么？

在生活中，人们不断挣扎、无法满足，往往是因为他们在以往的经历中，对于生活给予他们的一切缺少足够的认识。对自己的生活感到不满意的人，无一例外的，都在用自己的生活经历来判断所得到的结果。他们觉得，生活就是这样，总是会发生很多倒霉的事情，不知道什么时候、在哪里就会发生。霉运总是伴随他们左右，生活总是无缘无故地跟他们过不去，不断地给他们带来苦难。这些人终其一生，只希望自己能够跑在失败、痛苦、灾难这些霉运前面一点点，祈求霉运不要没完没了地纠缠不休。

我们无法获得理想的结果，原因就在于我们没有发掘出自己在生活中的那份创造力。然而无论我们是否挖掘出了自己的创造力，我们都在不断地创造现实，并且形成生活经验，而思维就是我们创造现实的途径。实际上，思维使我们形成观点和信念，而这些观点和信念，也在随着思维不断地加固。因此，我们会基于自己的经验，来决定是否要行动。同时，现实中的活动也因此而进行，这些活动的集合就被我们称为“生活”。

在这个问题上，很多人会说："不可能！这绝对不可能！如果我是创造生活的人，那么我肯定会去创造一种比这更好的生活。"你先别下结论，请继续阅读。我们正在一次旅行的途中，这段旅程将会为你解答这些问题，消除你可能产生的所有迷惑和质疑。

潜意识中的许多想法和思维模式，总是让我们受困于我们认为可能出现的结果中，然后事情真的发生了。这些操控我们生活的思维模式，其实在我们出生时就开始形成了。每当一件事情发生，我们都会更加笃信自己的思维模式。只有当我们对自己的思维结构与模式产生质疑，或接纳新鲜事物后，我们才会重塑或转变我们的思维，从而创造出新的思维结构和模式。

如果你想挑战已形成的思维结构和模式，就需要从现在开始，接受和学习新的方法，为自己打开一扇门，并引领自己走向全新的生活。本书就提供了具体的步骤，它可以帮助你，让改变发生。为了梦寐以求的生活，勇敢去探索吧！

如果你人生的经历都被固有的观念与思维定型，那么你是否还会喜欢现在的生活？你是否还会沉浸在当前的生活里，乐此不疲？如果你不喜欢当前的生活，你是否想看清自己正创造着一种什么样的生活？你是否已经准备好，去深入探索自己当前的思维模式，并看看哪些思维模式需要被重新审视？在你所创造的生活中，你对哪些最为满意？对哪些又最为珍惜？你希望哪些可以继续保持？又希望哪些能够有所改善？你最想逃离什么样的生活模式，并让它永远消失？你又想构建什么样的新模式，来创造自己喜欢的理想生活？

如果有一种方法可以让你改变生活的航向，从而创造出一个全新的现实环境，你是否已经准备好去掌握这个方法？如果那些看似遥不可及的梦想已经近在眼前，你去实现它的愿望又会有多强烈？

在进行生活指导时，首先我会认真倾听来访者的倾诉。每个人都有自己的故事，这些故事诠释了他们过去的事和身边的人。很多故事讲的都是生活中的琐事，比如他们出生在什么样的家庭，父母为他们做过什么、没做过什么，家里是否有兄弟姐妹，兄弟姐妹给自己造成了什么影响等。

此外，他们还会讲述自己经济条件如何、是否有朋友、是否有天赋、是否有动力、取得过什么样的成就、受过什么挫折、经历过什么样的感情、或者正在经历什么样的感情……故事的开始，他们往往在诉说生活的遭遇与环境。从他们的诉说中，我可以看出他们的想法和价值观。我惊奇地发现，所有人都一样：有什么样的信念与价值观，就会做出什么样的选择和采取什么样的行动。

当你这样去分析自己的“人生故事”时，你就会发现，每一段人生经历都有你的主观意识参与其中，而这构成了你认为的真实世界。当你诠释生活中发生的事情时，你的信念和价值观也会随着这些诠释而更为坚固。很显然，你的生活经历自然以你为中心。“但是，请等一下！”有人可能会说，“事情不是这样的。”人们无法选择父母或兄弟姐妹，年幼时也无法掌控自己的社会经济地位，如果天生就有肥胖基因，无论怎么努力，你都逃不过肥胖的命运，不是吗？

但我要说，如果生活都由家庭环境决定，那为什么一个家庭中的兄弟姐妹会有截然不同的生活，即使是孪生兄弟或是孪生姐妹也会生活迥异？他们可是有同样的父母、同样的亲人、同样的宗教信仰、同样的饮食习惯，甚至连遗传的基因也相同。

所以，我们将生活不如意的原因归咎于父母、兄弟姐妹、成长环境或遗传基因是极为不妥当的，我们都见过这样的例子：兄弟姐妹中有一人身体健康、事业成功、积极乐观、自强不息，而性别相同、年龄相仿的另一人却碌碌无为、一事无成、不受欢迎、缺乏激情、毫无自信。

世界上许多人的童年生活比我们悲惨得多，但他们迎难而上，创造了生活的奇迹。如果我们总喜欢把恶劣的成长环境或有缺陷的遗传基因作为失败的借口，那么我们终将无法取得长远发展。

发掘思维的惊人潜力

很多人已经明白，自己的命运是可以改变的。生活给予每个人的都有所不同，但到底是什么让生活如此不公，以至于在同一环境下成长的兄弟姐妹，也会有如此大的差别？其中很重要的一个原因是，每个人的想法都不同。

思想是一个人的“司令部”，它能够支配一个人所有的行为。从一些名人的故事中，我们可以发现，思维足以操纵人生，它可以让人朝着理想不懈努力。这样的例子比比皆是，这些人往往在极其艰苦的环境下成长，最终利用自己的思维和智慧，战胜了外在困难，攻克了道道难关，奇迹般地创造了属于自己的生活。

心灵解码

借口仅仅是“借口”而已

触动我心灵的故事有很多，其中就有这样一个。故事的主人公是畅销书《一个被称作“它”的孩子》的作者戴夫·佩尔泽（Dave Pelzer）。

我在作家午餐会上遇见了他，当时我和其余600名听众都在仔细聆听他讲述自己小时候的故事。戴夫的母亲精神失常，而且还酗酒。小小年纪的他过着十分悲惨的生活，无论在身体上还是精神上，都遭受了严重的虐待。戴夫的案例在当时成为了整个加利福尼亚州最恶劣的虐童案之一。直到十二岁，他才脱离那个不幸的家庭，被机构收养。吃午饭时，我就坐在他旁边，和他聊了足足一个小时，其间的乐趣令我回味至今。

戴夫是一个魅力无限的人，他睿智、乐观、健谈、帅气、幽默感十足又不乏真诚。在聊天的过程中，我被他的成就以及深沉的个性所折服。戴夫用他惊人的适应力战胜了童年的重重磨难，而这些磨难，用他的话说，足以让他残疾甚至失去生命。

戴夫战胜了可怕的困境，继续为自己创造了更加精彩的生活，他决心尽可能地在各方面完善自己。成年后的戴夫，在美国空军服过役，又成了《纽约时报》最受欢迎的撰稿人，还经常参加社会志愿者活动，这也让他获得了国家乃至国际组织所授予的多项荣誉。

他继续为当前的生活而奋斗的故事，让我深感自己的卑微，他的故事也激励着我不断进步。戴夫在逆境中爆发出的巨大能量，改写了自己的人生轨迹，这有力地证明了人类的思想和精神可以创造出奇迹。

戴夫的故事提醒着所有人：让我们在生活中迷失的借口，仅仅只是个"借口"而已。

思维帮助我们加工信息、做出选择、采取行动。通过思维，我们体验到了欢乐、平静、忧伤、悲哀等情绪，也体验到了什么是创造力以及沟通能力，这些都是人生的组成部分。对新事物的感知和对过去经历的诠释而形成的观点、信念及价值观，也是建立在思维基础之上的。如果我们想创造新的生活，那么我们就要努力学习如何运用大脑来思考，而不是让惯性思维支配自己！

我写作这本《净化心灵的力量》，是为了帮助更多人发掘思维的惊人潜力。通过阅读这本书，你会知道大脑是如何产生破坏性和无效性的思维模式的，你也会知道如何构建新的思维模式来帮助自己重新规划生活的目标，进而采取行动，创造属于自己的生活奇迹。

想象一下：你现在就可以利用大脑和思维模式，将消极情绪转化为积极情绪；你完全可以掌控人生方向，即刻变得更为专注、更为高效以及更有动力；最为重要的是，你现在就懂得了如何改变当前所专注的事情，如何支配思想，进而支配生活，创造属于自己的梦想和生活。假如这就是你的生活，你想要吗？你准备好了吗？

第 2 章
是你在支配思维还是思维在支配你?

要用众多的思想滋养你的头脑，因为你所达到的高度永远不会超出你所想到的。

——本杰明·迪斯利

饱受慢性病困扰的塔米向我倾诉了她的困境。长期以来，她一直全身剧痛，有严重的消化问题，并伴有忧郁、焦虑和持续不断的恐慌。多年来，医生给她做了大量的检查和化验，但都没有查出是什么疾病。医生们束手无策，他们也非常疑惑，检查结果显示塔米的身体没有任何异常，塔米却认为自己生病了。她也急切地想知道问题出在哪里，于是她把最后的一线希望寄托在了我身上。

和她沟通之后，我发现塔米在潜意识中一直重复着她母亲过去的行为。在塔米还小的时候，母亲一直非常抑郁，可以说她并没有给过塔米很多母爱。在母亲的世界里，所有的事情都是错误的，都只会朝着糟糕的方向发展。母亲的宿命论深深影响着塔米，即使是面对身边的琐事塔米都会保持高度的警惕。较之母亲，塔米的事业更为成功，身体也更加健康。不幸的是，她像她的母亲一样，常伴有恐惧意识，时刻觉得自己的身体功能即将衰竭。塔米已经习惯了在这种重压下生活，无论她多么成功，她都会怀疑生活中有一些潜在的致命因素，这让她一直无法像一个正常人一样去考虑问题。

在拉里母亲的一再坚持下，拉里也来到我这里咨询。他的母亲非常希望能治好他的抑郁症，所以预约时就交了全款。自从拉里的女朋友提出分手后，这个原本天资聪颖、充满创造力的男孩就一蹶不振。

在过去的几段恋爱关系中，拉里一直是主导者，每段关系都由他来决定是继续还是结束。这次分手事件给拉里造成了极大的影响，他疯狂地想念那个离他而去的女孩，甚至开始痴迷地收集她的照片。在这之前，拉里从未对生活失去控制过，此时的他在潜意识中不断要求自己找回失去的东西，他母亲在向我寻求帮助之前，甚至考虑过将他送到精神病院接受治疗。

拉里和塔米都非常聪明，也非常有才华，他们的生活也曾一帆风顺，未来也许一片光明。然而他们却在用错误的思维控制自己的情绪，结果他们元气大伤，并给自己的人生带来了破坏性的灾难。

对思维的认同让我们处于糟糕的处境

人们经常会认同一些思想，这是导致他们在生活中思维混乱的主要原因之一。人们会习惯性地认为，自己就是想象中的样子，这种思维把我们禁锢在了一个很难改变的现实中。只有当我们了解了思维是如何“塑造”我们的时候，改变才会真正到来。

基于我的生活经历和来访者们的遭遇，我慢慢摸清了一些鲜为人知的想法，也学会了如何去洞悉人们的内心世界。我观察到了人们如何强迫自己，以个人喜好和主观意志来决定思考问题的方式，大部分人都习惯性地认为，当前的自己就是自己想象中的样子，甚至连自己的未来也可以预见，他们把自己的性格也局限到自己的思维里。然而事实是，大多数时候，看似一成不变的思维模式，不仅是动态的，而且可以在任何情况下得以改变、修正，甚至最终发生认知转向。

在我们的思维模式中，我们总认为自己就是想象中的样子，这使得我们总觉得自己不够好，也让我们觉得自己不那么惹人喜欢或不值得被爱。这种思维模式致使我们非常害怕失去“一些东西”，这里所谓的“一些东西”，或许是内心期盼的自信、成功、博学或富有，而害怕失去的感觉又使我们变得忧郁和焦虑。思维愚弄了我们，让我们认为自己注定永远过着当前这种糟糕的生活，而且它还给我们制造了一种错觉，让我们觉得其他人总是比我们拥有更多，也比我们更值得拥有。这种思维越是根深蒂固，我们就越会认为自己的生活被外界控制着。

当我们不能改变生活条件或生活环境时，我们首先能做的是找到自己的思维模式和真实的自己。其实最终人们都能意识到，自己并非如想象中的那样。弄清楚这个事实之前，我们常常不敢想象自己会过上一种全新的生活，也无法想象现实中的自己与心中想象出来的自己是如此的不同。

所谓思维认同，是指我们认为自己就是想象中的样子，这会将我们束缚在过去的经历当中。对过去经历的理解，造就了这种根深蒂固的思维模式。

大部分人都在思维认同的囹圄中生活，直到自己发现这个问题，并刻意采取一些行动，才让自己逃离其中。过去的想法造就了当前的生活，而当前的想法，同样也会创造未来的生活。如果固有的思维模式不断告诉我们自己不够好，而且我们对此也深信不疑，那么我们就不可能实现理想的生活状态。

早在几年之前，美国国家科学基金会公布的一项调查研究表明，一个人每天的想法多达六千种，这六千种想法中大约有百分之九十来自过往，只有百分之十来自于当下。研究还表明，来自过往的想法中，有百分之七十五至百分之九十是消极的，这使得我们产生恐惧，并让我们认为自己存在诸多不足。在过去十年中，成千上万的研究成果从各个方面向我们展示了消极的想法是如何产生的。

在一项类似的研究中，研究人员要求志愿者解答一些数学方程式，以此来观察他们的大脑思维活动区域。研究人员惊奇地发现，在志愿者解答数学题时，几乎所有人的大脑中，负责处理数学计算的区域都被激活了。有趣的是，由于在进行数学计算，他们的大脑中还有另外五六个区域也一并被激活了。

另外被激活的那几个区域，并非控制身体机能的必需区域，比如眨眼等。这些被激活的区域，证明了他们的大脑正在处理一些想法，而他们的主要意识还是集中在数学题上。

此时志愿者并没有意识到，研究人员要求他们做数学题时，他们的脑海中会产生什么想法。也就是说，他们是在潜意识中处理这些想法的。

这项研究有力地证明，大脑会持续地、自发地激活想法，而人们根本无法得知什么样的想法会在大脑中产生。当潜意识已经做好了激活想法的准备时，在任何时间，都会去激活大脑中某一特定部分的想法。可以肯定的是，无论被激活的想法对你的生活而言意味着什么，在你此刻的生活中，那些根深蒂固的、不断被激活的想法还是占据着压倒性的优势。

潜意识就像个循环播放的录音机，不断地重复着固有思维。

然而我们往往很难觉察出潜意识的状态，因此无法积极地采取行动来改变它，也很难改变生活。一旦我们的潜意识认为自己就是想象中的样子，那么我们生活的质量就会受此影响，而这也会让我们一直相信，生活是无法掌控的。

区分真实的自己和想象中的自己，往往并不会给生活带来明显的变化。然而，有了这种认识，我们就可以觉察出自己对日常生活中发生的大事小情的态度，只有觉察出这些态度，我们的固有的信念、价值观和行动力才会慢慢发生改变。当我们尝试着改变思维，或在新思维的指引下采取行动时，生活就会慢慢发生一些明显的变化。这些具体的改变以及你为此所采取的行动，会更符合你所建立的新的态度、信念和价值观。

一些人看似拥有一切：稳固的婚姻、奢华的房子、豪华的汽车、体面的工作、出游的时间、接触新鲜事物的机会，但他们总是觉得自己无法找到快乐和满足感，他们觉得生活出了大问题。然而也有这样一类人：一家人挤在一间狭窄的屋子里，每天打两份工，但他们总是面带微笑，心怀感恩，对生活充满希望。

显然，这两种人在心态上会有如此巨大的差异，这与他们的生活舒适度和所处环境是否安全等外部因素并无必然联系。这两种人唯一的差异就在于：潜意识中的思维模式以及处理问题时的态度。

积极的思维让人感觉快乐幸福，消极的思维让人感觉空虚悲惨。如果你想改变生活，就必须从改变意识开始。意识的转变会让你打开视野，对生活的态度积极向上，这将有助于你改变生活，从而过上自己想要的生活。

把真实的自己与想象中的自己区分开，是非常重要的。这会改变你的生活方式、人生轨迹、生活目标，赋予你伟大、坚强、不屈的品格，让你焕然一新地去开创人生辉煌的篇章。当你开始尝试着摆脱那些束缚着你的思维模式时，你会惊奇地发现，它们已经不再纠缠着你，而你也可以更为专注地面对当下的生活，你所做出的选择也会更加成熟。

我见证过很多人从痛苦的泥潭走向自由快乐的新生活，在帮助他们将消极情绪转化为积极情绪的过程中，我切身感受到，在我的工作中最值得炫耀的是，我是整个事件的推动者和见证者。各行各业的人们在我的帮助下，发掘了自己的思维模式并突破了自我，他们不再被束缚在一成不变的生活中。我对自己的工作非常满意。

帮助人们发现这些束缚他们生活的思维模式，是一件振奋人心的事，而帮助他们构建新的思维模式，将有助于他们依从新的信念和人生态度，做出服从内心真实想法的选择，从而找到真正的自我。

你真的可以让自己做出改变吗？

我意识到自己的责任：让每个人积极地创造新生活，也让人明白，我们有能力创造出一些与众不同的东西来。换句话说，如果我们曾经成功地创造出了一些自己并不想要的东西，那么现在我们同样可以利用创造力，创造出我们想要的东西。这本书会告诉我们如何去创造，这就是它可以改变我们的原因所在。人们都想改变自己、改变生活，这是人的天性，只是大多数人不知道该从何下手。

过去，人们总是在想尽办法去理解现实生活，而现在，人们终于明白自己的人生需要脚踏实地，付出努力。有的人曾经抑郁、焦虑、缺乏自信、缺乏行动力、人际关系不和谐、经济拮据、事业不顺，不良的思维模式在其中起了很大作用，而这些往往很难打破。如果我们经年累月地经受这些思维的折磨，那么消极情绪会占据我们的大脑就变成了理所当然的事情。最后，不良思维模式就会形成一个系统固定下来，并在潜意识中不停地发挥作用。

有的人可能会问，为什么说抑郁和焦虑是一种习惯？很多人认为这或许就是一种疾病。虽然在大部分情况下，现代医学都将其归为疾病范畴。一个人处于抑郁、焦虑的状态下，或者有自杀的倾向，往往是因为他们用自己的不幸遭遇来解释了生活，形成了消极的信念和价值观，并将自己的生活限制在这种消极的价值观里。这会毁掉他们的幸福，让他们失去自己认为的最重要的东西。

当人们认为理想无法实现时，就会不由自主地产生恐惧或焦虑的情绪，他们会觉得内心备受打击，心情十分沮丧，绝望得想要自杀。正是这些无法遏制的恐惧，导致了诸如抑郁症之类的严重的身体机能障碍。如果人们经常在这种状态下生活，痛苦的感觉就会加强。除非生活中发生了一些令他们意想不到的事情，而现实的情况往往是，这些消极的状态会存在于他们的思维中，伴随他们一生。

神经语言学告诉我们，大脑会对刺激感官的外部信息进行删减、加工和概括。假如大脑对外部信息照单全收，我们的感官会因超负荷运转而陷入失控状态。人类的感官每秒钟要接收至少二百万条信息，而大脑每次大约只能处理其中的七条。由于每个人的语言、想法、信念、行为及所处的时间和空间不尽相同，我们过滤掉的信息也不一样。过滤后进入大脑的信息是我们的触觉、视觉和听觉等内部表征的基础，而我们对事物的表征会激活思维，从而使行为和心理发生变化。这个过程属于反馈回路的一部分，整个过程耗时不到一秒钟。在反馈回路中，生理的反应会反作用于态度，我们的行为又可以影响到我们表述的语言。下图展示了我们与外界不间断交流的循环过程。

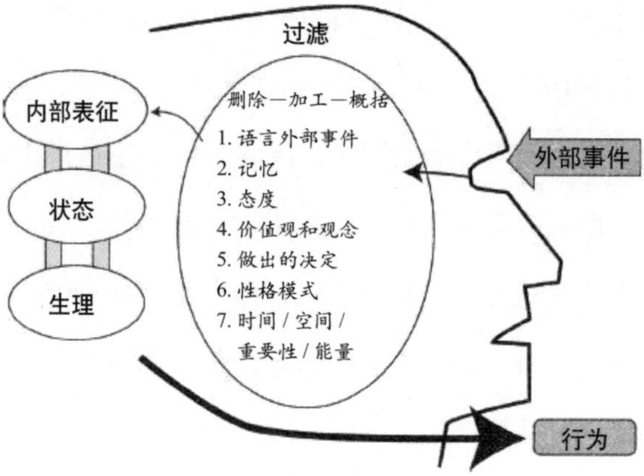

交流循环过程图

在生活中，我们总会遇到各种各样的挑战，陷入各种各样艰苦的环境。当人们感到备受打击、极度颓丧时，工作效率也会下降，而且也感受不到快乐，这可能是我们每个人都有过的经历。当我们顺利渡过难关后，常常会感到奇怪：那些自己不愿经历的苦难是如何开始的？自己当时怎么会如此颓废？当我们真正去思考到底发生了什么时，所有问题都迎刃而解。

这种萎靡的状态，源于我们的思维模式，我们的潜意识不会回避那些令人伤心或沮丧的经历，相反，在思维的作用下，潜意识会将这些过往经历混入到我们当下经历的事件当中，从而混淆我们的视听。

第一次踏入工作室找我咨询的人，刚开始时总是对自己的痛苦缄默再三。他们长期生活在沮丧、焦虑或无助的状态中，这些情绪组成了他们性格中的主要部分。当他们感到沮丧时，大脑会暗示他们："你就是个沮丧的人。"而我们的治疗通常是从讲述自身经历开始的，在这过程中，很多人经常会说："我总是很沮丧。""我动不动就很焦虑。""我经常想自杀。""我很不开心。""我就是……"。

这些陈述在很大程度上袒露了一个人的性格，其实他们真正想说的是："我所经历的这些就是真实的自我。"想想看，如果我们这样描述自己，听起来是不是有些荒唐？

你以为对的真的对吗？

也许这听起来确实比较荒唐，但那些饱受痛苦煎熬的人却无一例外相信，痛苦就是生活的一部分，有些人甚至将痛苦视为生活的全部。有的人认定自己就是容易沮丧，注定一辈子只能这样；有的人认定自己就是容易焦虑，随时都可能崩溃；还有的人甚至认为自己无药可救，绝望到没有丝毫活下去的勇气。

有些人经受了太多苦难，他们甚至觉得生活完全被苦难占据了，这种想法渗透到他们的骨子里，他们发自内心地认为这种消极状态已经成为生活的一部分，并对生活的方方面面造成了影响。家庭中的其他成员，尤其是最为亲近的配偶和子女，也不可避免地跟他们一样长期生活在这种混乱的状态下。尤为严重的是，这种状态还会产生其他消极的影响，如，他们可能不愿意接受新的事物，不愿意接受新的挑战，不允许自己有新的想法，甚至认为自己不可能以新的姿态呈现在挚爱的人的面前。

中产阶级和富豪们经常错误地认为，消极情绪和混乱状态只会出现在社会经济地位较低的家庭中，比如居无定所的人或是超市里的售货员，才会持续不断地面临这种问题。这个想法简直荒谬至极，因为在我接待的来访者中，既有身价百万的外科医生，也有失业的青年。

人们对事物的感知会反馈到思维中，而思维状态也会体现在情绪里，它们在很大程度上不断影响着我们的生活，这对于每个人来说都一样，与收入和学历没有一点儿关系，只是作为人类的一个反射条件而存在。所以任何人都要了解它、掌控它，这决定着我们在有生之年是否能够快乐、成功并获得满足感。

心灵解码

当前的处境是过去想法的写照

我曾经在一档电台的脱口秀节目中，谈到催眠疗法可以改变固有的思维模式、释放能量并为我们创造全新的生活。凯伦听到后，便约我见面。第一次见面时，凯伦给我印象最深的是，她坚定地认为自己是一个很压抑的人，压抑已深深烙进她的生活。

她的童年非常凄惨。凯伦还在牙牙学语时，就经常遭到母亲的虐待。有一次她的母亲拼命用脚踩她，之后又将她用力往冰箱上撞。她稍大一些时，有一天母亲出去买吃的，就再也没回来。从那之后，父亲尽心尽力照顾她和两个妹妹，但几个月后，父亲也像母亲一样抛弃了她们。当时，父亲将八岁的她、四岁的大妹妹以及两岁的小妹妹三个人放进卡车，载到亲戚家。亲戚们谁也不愿意抚养她们三个，为此争论不休。

当时，凯伦很清楚地听见了亲戚们的谈话，他们所有人都认为两岁和四岁的妹妹是非常需要照顾的，而八岁的她已经到了能够照顾自己的年龄。这段记忆对凯伦的伤害最大，她清楚地记得，当父亲谎称要去买食物并驾车离开时，凯伦追在父亲的卡车后面，哭着求他不要走。直到十八岁，她一直寄宿在不同的亲戚家里，然而在亲戚家的生活比故事中的“灰姑娘”的境遇好不到哪里去，每个亲戚都不想白白给她饭吃，因而让她做苦活累活。当他们不想养她时，又会把她送到别的亲戚家。

凯伦被抛弃的经历，让她从心底里认为自己很卑微，长期以来她一直沉浸在这种情绪中不能自拔。尽管她工作稳定，表现优异，但她一直带着抑郁情绪在生活，这种状态给她的人际关系造成了非常恶劣的影响。这种影响又加深了她对自己的认识，让她更坚定地认为自己就是一个抑郁的人。她告诉过我，尽管她已经六十二岁了，但她每天都会伤心地哭泣。我从她的陈述中理清了她的思维：

我不配得到任何人的关注。

我身上没有一丁点儿讨人喜欢的地方。

我不配拥有爱。

所有人的生活都不需要我。

我不值得被爱。

我只想死，根本没有活下去的理由。

正因为凯伦拥有这样的思维，所以她一生都郁郁寡欢。她的内心有着深深的挫败感，她认为自己不可爱、不被需要、没有价值。这是她根深蒂固的想法，而这种想法形成了她现在的状态。她还经常想，要是自己死了，也许会更好。

在我们的共同努力下，凯伦已经走出了困境。通过情绪释放疗法，我让凯伦不再感到恐惧，不再有被抛弃的感觉。我带着她回到过去那些痛苦不堪的记忆中，让她完整地体验了一次当时的痛苦。在这个过程中，我帮助她重塑思维，帮助她告别那些自我挫败的想法。我不断敲击她身体穴位的同时，让她重新看待母亲的离去，我让她对自己说："妈妈离开我，不是因为我不可爱，而是可怜的妈妈患有精神病，这使得她无法履行作为母亲的责任。我想她一定伤心透了，我真庆幸自己不需要经历妈妈那样的痛苦。"

我还让她对自己说："没有人想收养我，不是因为我不可爱，而是在那个大家庭里，每个人都已经尽心尽力了。二十世纪三十年代，经济大萧条，叔叔阿姨们都为了糊口而终日奔波。他们知道我年长一点，因此我比妹妹们会更有能力养活自己。我一直都是个有能力的人，我可以成为别人的依靠。"

在治疗的每个阶段，我们都会回到那些令她痛苦不堪的记忆中，进行彻底的清理。对凯伦的思维进行重塑之后，我又利用催眠疗法，令她处于轻度睡眠状态，然后帮助她在潜意识中接受新观念，让她用更积极、更客观的方式去看待那些痛苦的回忆。就这样，我把她带回到童年的每个阶段，将她从各个阶段的痛苦回忆中解放出来，从而使得她慢慢原谅那些让她在童年时期吃尽苦头的亲戚们。

我运用情绪释放疗法帮凯伦释放了深埋在神经系统里的强烈的恐惧感，并且用催眠疗法进入到她的潜意识中帮她改变思维模式，慢慢地，凯伦的情绪有了很大改变。值得庆幸的是，在短短五个疗程之后，凯伦奇迹般地从困扰她大半生的抑郁症里完全解脱出来了。她重新组建家庭，开始新的生活，重新设置了人生目标，并且交了很多新朋友。不久后，她给我发了一封动人又暖心的电子邮件，感谢我出现在她的生命里，感谢我让她告别抑郁，让她找到了新的生活目标和方向。

能够帮助凯伦这样的人，让他们的生活发生重大转变，我内心无比自豪。看着他们告别过去痛苦不堪的生活，开始一段更加美好的人生旅程，我也备受鼓舞。思维转变能够给人们的身心带来如此翻天覆地的变化，这真的让我惊叹不已。

成长和改变于每个人而言都不同

不是所有人都会经历像凯伦那样痛苦而极端的生活。人们在某些方面可能做得很好，但在其他方面可能毫无成就感可言。正因为如此，每个人都有足够的空间来成长，而成长和改变对每个人而言都有所不同。

如果你觉得大学只是为那些适龄学生准备的，而你早已度过了青葱岁月，那么，请放下对大学的误解，迅速做好准备开始你的大学之旅吧。如果你事业有成，却从未拥有过一段让你心动的感情经历，而你对此也渴望已久，那么或许你就该好好审视自己的生活方式，看看是什么令你在感情上一再受挫。尝试着改变思维，有意识地去修复脑海里关于爱的信念，这样你才会获得你想要的改变。

对一些人来说，成长和改变意味着性格的彻底颠覆。当你开始觉察到自己的固有思维，并且尝试着探索潜意识中的思维时，你就会发现，一直以来你认为应该做的事情，也许只是对别人的想法或期望的沿袭。

这种转变拥有无比强大的力量，它可以让企业高级主管放弃高薪待遇，转而去开简单的花店；可以激发 20 多岁的全职妈妈重新投入学习，最终获得法律学位；可以让高级会计师放弃体面的工作，成为全职妈妈；可以让曾经为了丈夫的事业而放弃一切的妻子，勇敢结束婚姻，自信地走上属于自己的人生之路；可以使商业大亨和大明星只为让世界变得更美好而投身支援贫穷国家的慈善行动中。以上我所列举的所有事情，都真实地发生在我的来访者身上。

对于像凯伦这样的人所承受的苦难，我常常感同身受。我知道自己是一个推动者，可以给人们带来永久的改变和心灵的救赎，我必须帮助那些痛苦经历笼罩下的人们，让他们从消极情绪中解脱，并跳出固有的思维模式。而我唯一可以做的，就是帮助他们强大起来，从过去的痛苦的回忆中走出来。

每个人都有怜悯之心，都会主动分担身边人的痛苦，对他们的遭遇感同身受。这种感同身受的过程，对永久治愈内心的创伤意义巨大。然而，有时我们对朋友的支持，会让那些痛苦复制到自己的内心中，这样，支持者则变成了另一个受害者。这种事情常常发生在朋友或亲人之间。当我们和亲爱的人在一起，一遍遍重新体验他们的痛苦时（有时候这个过程可能要持续数年），这就如同思维模式不断被重复一样，这种受害者的思维模式就会在一次次重复的过程中，慢慢走进支持者的心中，直到痛苦也成为支持者生活的一部分。如此，支持者不仅帮不了受害者，反而会让自己和对方都深陷其中不能自拔。

首先，作为支持者，我们可以对受害者的思维进行清理和识别，然后帮助他们找到积极的方法，去感受自己存在的意义和重要性。对痛苦的经历过分关注，只会让对方一直沉浸在受害者的阴影当中，这会慢慢毁了他。

在帮助来访者走出阴影的过程中，我通常都会运用情绪释放疗法来帮助他们释放所经历的痛苦。对那些深受痛苦折磨的人而言，情绪释放疗法通常非常有效。然后我会运用催眠疗法，对他们潜意识里的情感及思维模式进行调节，并给他们引入新的价值观，让他们重新看待那些曾经给自己带来伤害的人和事。之后，我会引导这些受害者原谅那些人和事。

受害者们真的可以原谅那些曾经给他们带来伤害的人和事吗？事实证明，通过调节他们的潜意识，让他们以新的价值观去重新体验痛苦的经历，可以帮助他们从那些受伤害的阴影下彻底走出来，进入到全新的现实中，从而开始创造一种全新的生活。

问题和答案都在思维中

我们都知道，显意识可以明辨是非，而潜意识不能做任何对错的判断，它只是一个存储模式。

大多数消极思维模式，存在于无法对是非进行辨别的潜意识层面中，然而我们的意识总是按照思维的指示采取行动。如果潜意识传递了这样的信息："你不可能成为一个成功的销售人员，你并不具备那些应有的素质。"然而这是真的吗？当然不可能，我们每个人都有一张嘴、一双眼、两只手、两只脚和一个大脑。即使我们比别人少一只眼睛或一只手，只要你的大脑还在，同样可以成为一个优秀的销售人员。如果自我挫败的想法在潜意识中反复循环，我们就会在潜意识中认为自己并不具备一个优秀的销售人员所需要的素质，这些观点就会影响你做出选择和采取行动，进而阻止你成为理想中的成功人士。

人的信念都会经过大脑，并由思维产生，信念可以让你用有生之年在某些领域创造价值或毁掉前途。思维并非只有真实或虚幻之分，它只是在我们面对外部的世界时，我们内心想法的一种表现而已。

回想我自己的生活经历，年幼时，我就发现不同的人对同一件事情的理解存在非常大的差异，我所在的大家庭，就像一个社会的缩影，那时的我就对此非常感兴趣。我家有九个孩子，六个女孩，三个男孩，我排行第三。按常理来说，受同一对父母教养的我们，所接受的父母的价值观应该是完全相同的，然而事实是，对于生活中发生的状况，每个孩子都有各自的看法。比如，我们对责任感的认识就不尽相同，而且每个人对自己、对彼此、对父母都有不同的期望。有的孩子迫不及待地想离开小城镇，到大城市去生活，有的却恰恰相反，他们无法想象离开生活了这么久的小镇后，自己会是什么样子，即使是现在，他们仍然住在小镇里。

我们的遗传基因和成长环境都一样，可每个人的思维模式都不同，这使得我们成为了九个不同的个体。我们每个人都有自己的思想，即使面对相同的外部刺激，每个人内心的想法也不尽相同。不同的信念和价值观构成了我们每个人不同的个性特征，而我们的生活也由此塑造。

人类真的是一个非常有趣的群体。有的人就是不愿意相信，自己并非内心所告诉自己的那样，外部环境也并非自己想象的那样。不管生活环境有多艰苦，人们还是依附于环境，因为环境给了他们一种确定性。很多人知道自己想要什么,但他们不敢想象,如此不堪的现状是否可以被改变。如果我们所依附的外部环境,恰恰滋生了给我们带来痛苦的思想和行为模式,那么即使知道自己想要什么,又能怎么样呢?我们总是认为自己是思维或脑海中的样子,而思维和脑海中的自己也都会在这种不断被重复的习惯中寻找安全感,这就是为什么人们总是会被旧的思维模式禁锢在一成不变的生活中。

当我们开始了解并试图改变生活时,我们可以通过重新定位和改变想法,来有效地改变思维模式,这样就可以为自己创造一种崭新的生活。实际上,每个人都有能力找出那些一成不变、对自己毫无益处的思维模式,并辨别出哪些习惯依附于这种思维模式,然后激发个人意志和潜力,彻底改变这些依附于固有思维模式的习惯。

当你做好了改变现状的准备,就把自己当成全新的自我,从旧思维中剥离出来,等待新思维重新创造属于自己的生活。你会发现,原来每个人都可以有意识地创造新思维,在新思维的引导下,观念变了,选择变了,机会如泉水般涌来。将身体和思维分离是多么奇妙的体验。接下来我们要做的就是验证思维的创造力,最终,这个过程会把你带入梦寐以求的境地。如果你准备好了,就请对自己说:

有生之年，我能得到想要的一切。

我能实现任何梦想。

我不需要承受这般痛苦。

我将不再被苦难、烦恼和焦虑所控制。

我将不再忧郁。

我将不再优柔寡断、碌碌无为。

我能在任何领域取得非凡成就。

如果一些思维和情感模式并不会帮助你实现人生目标，那么你完全可以摒弃它们。尤其在潜意识层面，所有想法都可以改变，它们都由你的思维所引导。下面章节中展示的方法可以帮助你创造出完全属于自己的美好生活。

大脑通过思维对身份进行认知，形成价值观和信念，让你在某些领域取得成功。思维就是一个工具、一种方法，它能创造出任何你从未经历过的情境。了解思维如何工作，学会如何积极引导它，这将赋予你做出选择的能力，而这些选择将会创造出超乎你想象的生活。

第 3 章

思维的解析

人应该支配习惯，而不能让习惯支配人。

——《禅宗语录》

我们已经探讨了思维在生活的过程中所起的作用。大家不禁会问：“究竟什么是思维？”当被称为“思维”的行为发生时，人们的大脑究竟发生了什么变化？这正是本章将要探讨的内容：当思维产生时，大脑会如何活动。大脑活动与我们的行为息息相关，它不停地搜集和处理生活中的各种信息，人们再通过思维不断地重塑自我。如果我们能弄清楚神经系统在重塑自我的过程中发挥了什么作用，那么我们就可以塑造一个更加强大的自我。

大脑：最出色的计算机

你是否常常会想，我们的大脑究竟是一个怎样的器官，能有着如此奇妙的功能？人类的大脑结构真的很神奇，它能让我们成为有思想的人，创造出有价值的财富。专家指出，人的大脑结构远比互联网要复杂得多，在大脑中，千丝万缕相互关联的脑细胞比宇宙中的繁星还要多。如果你有一个高级的技术设备并且想把它利用到极致，我想你一定会花时间去研究这个设备是如何运作的。类似地，请把你的大脑想象成一个高度精密、极其复杂但还未被充分利用的计算机，如果你尽可能多地去了解体内这个绝妙的系统，它就会帮助你更加随心所欲地掌控生活。

人类大脑的结构是先天形成的、不可改变的，它也是人类特有的。人类的大脑进化到现在，还要感谢祖先的习惯和经验。他们的习惯和经验使大脑形成新的神经连接，进而去适应不断变化的环境。出于生存需要而形成的很多特质和能力会被编译成一种“密码”输入到人类大脑细胞中，进而成为大脑模式的一部分，也就是说，这些特质和能力变成了人类 DNA 的一部分。

为了适应不同时代的不同环境，面对环境中的各种因素，人类不得不做出不同的选择并不断改进自己的行为，这就使得人类大脑的某些结构发生了相应的变化。今天我们可以赋予人类“智人”的称号，而“智人”的大脑结构是经过漫长的进化过程而形成的。在进化过程中，人类继承下来了很多祖先留下的遗产，其中一个就是人类会在大致相同的大脑区域处理各种各样的感官信息。

除了这个“遗产”之外，另一个遗传特质是大脑可以作为数据处理中心。相对来说，这个遗传特质是新近形成的，它源自我们的父母、祖父母以及曾祖父母。我们与生俱来的人格特质，一般来源于长辈们的大脑神经连接模式。也就是说，我们的动作习性、面部表情、智力、协调能力甚至情绪，很有可能都是从长辈们那里继承而来的。如果你发现自己有某些特征，比如大笑的时候像在吼叫、看悲伤或者浪漫的电影时比一般人更容易感伤，那么很可能在你的家族中，某个长辈（母亲、姨妈甚至是曾祖母）也具有同样的特征。

在生活中，长辈们会与他们所处的环境相互影响，与此相关的信息经过处理后储存在他们的大脑神经回路中，进而形成他们的 DNA。当他们结为夫妻并组成新的家庭时，他们的 DNA 就会结合起来呈现在后代身上。我们每个人来到这个世界时，都带有从长辈那里继承来的特质，这些特质既有长久遗传的，也有近期形成的。这些特质形成了我们的大脑的基本结构和功能，也形成了我们某些独特的人格特征。

基因决定命运?

基因遗传意味着人的所思所想及行为不可变更吗？事实绝非如此。通过研究人类祖先如何对其大脑结构变动施加影响，我们就能明白人类所处环境及人类对环境的反应，也会极大程度地影响和改变大脑结构，且这种影响与改变会深入到大脑与神经细胞的单个 DNA 中。

这一现象说明人体内的细胞永远处于活跃状态并一直经历着变化，尤其对大脑来说更是如此。同我们的祖辈一样，现代人的行为、反应与选择也延续着这种变化，也就是说人类所处的环境及人类对环境做出的反应一次次改变、重塑着我们的大脑。如此一来，人的思想也就成为了人的剖析对象。

细胞生物学家布鲁斯·李普顿博士在其开创性的著作《信念的生物学》（*The Biology of Belief*）中讨论了“表观基因学”中的最新发现。表观基因学，字面上的意思就是“在基因之上”。李普顿博士提到最近十年的研究证明基因并不会控制人的生活，他强调环境（如压力、营养、污染与情绪）在不改变 DNA 基本结构的情况下会对其产生影响。此项重大研究证明，环境信号会释放“蛋白袖”，此时基因会被解读出来，进而决定细胞的生理及行为特质。

依据环境信号的不同，每个基因实际上会有两千多种变化。事实上，正是外部信息的存在和作用，才使得基因发生了变异。可以肯定的是，这些转变后的基因，是可以遗传给下一代的。

就人的基因潜能而言，可以想象上述的发现具有多么重大的意义！不论是音乐天赋还是与已知基因相关的疾病，都在依据环境而变化，同时也可以遗传给下一代。什么样的环境会培育出天才？什么样的环境使得疾病滋生？

人们从环境中经历的一切都会刻入大脑和身体的某些部位，正如基因连接一样，学习与记忆会作用于神经回路和体内的化学物质，进而会决定人们的个性及其与周遭的关系。在讨论大脑从外界刺激与经验中进行学习及将生活经验存储到记忆中的能力时，“神经可塑性”成为当今研究者频繁使用的一个概念。

上述这些理论对于人类掌控思维过程与改进生活有何意义？大脑的灵活性使得人类可以重塑神经回路，通过学习新的连接，人类还可以掌控自身的思维状态并形成新的观点。这样，人类在其短暂的有生之年仍然可以持续进步。

“神经可塑性”作为大脑的一大功能，从根本上决定了人类可以再造自我。下面我会尽力以简明扼要的方式解释“神经可塑性”这一概念。

大脑含有一千亿个神经元，或者说神经细胞。事实上，人体的神经元大多集中在大脑。神经元通过神经网络连接在一起，只要人类开始学习，神经网络就会立马启动，而人类在蜷曲于子宫之时就已经开始了感知和学习。

例如，母亲深呼吸时，腹中婴儿就可以感受到这个呼吸，并将这份感受送入小而精巧的、早已存在于胎儿脑中的神经网络之中，这样，胎儿大脑就会比身体其他部位显得大而重。每次发生新奇之事后，小小的神经元都会以不同的排列组合连接在一起。随着事物的重复和不断发生，神经连接不断增强，进而形成记忆，最终变为人类依赖的结构，用以处理来自外界的刺激，而且终生受用。

数以百万计的神经元会在童年时期不断形成，因为在这个时期，人们对很多事物都充满新鲜感。细胞的形成使得大脑结构发生改变，大脑结构的变化导致身体的变化，从而进一步导致人们的信念与态度发生改变，伴随而来的是我们的生活方式的改变。

随着年岁渐长，人们仍然在不断变化，即使成年后，人的大脑可塑性仍然存在，然而大多数成年人不再期待生活的变化，而是开始安然面对现状，这可能是因为他们并未意识到大脑的上述特征。

神经可塑性作为人类大脑的一种功能，能够消除人们的固有习性，同时让人形成新习惯。通过关注新思想、想象新图式，人类可以持续使大量神经元结合在一起，最终改变大脑结构。人类大脑并非一成不变，通过有意识地操控思维，人就可以使大脑发生改变。

唯有重塑大脑，才能重塑生活

脑科学中的重大突破证明，基因并不会决定命运的归宿，一个人的成就也不由家族基因决定。这一结果告诉我们不必将自己束缚于已有的信念中，虽然信念有助于塑造自我，但有些信念对于我们而言毫无益处。我们的大脑可以改变带有破坏性的或消极的信念与态度，认识到这一点至关重要。许多信念都会给我们带来问题，导致我们功能失调。大脑具有很强的可塑性，当我们明白了这一点，就可以有选择地抛弃一些信念，因为有些信念不利于我们激发潜能，我们可以选择拥有那些有助于激发潜能的信念。

任何一次思维的活动，都会引起脑中神经细胞的运动。理论上讲，即使睡觉时，成千上万的大脑神经细胞仍然在运动。我们的思维、行为和习惯的产生都是因为神经细胞一次又一次被激活，进而形成稳固的结构，从而直接创造了我们当前的生活。

新进入大脑的思维或概念往往很脆弱，它们需要依附于强大的神经元，并与别的神经元相连接，而这一神经元会在与其他神经元连接后，形成新的序列与方向，这一情形就像一条小河突然从新的方向引入了活水一般。只有给大脑注入新的东西，生活才会改变，一些新鲜的事情才会发生。所以我们要学新知识，接受新理念或经历一些新事情，只有这样，才会建立新的神经连接。

如果我们心甘情愿地一直重复着固有的思维、习惯和行为，现实生活就不会有太大的变化。重复这些模式，只会继续巩固当前的现状。

在开始改变之前，我们需要做两件事：首先，阻断不断重复的固有思维，因为固有思维只会巩固固有的神经连接；其次，有意地选择新思维，这能帮助我们在神经系统中创造出不同的连接和回路。

新的神经回路的出现，就像我们在杂草丛生的树林里，突然找到了方向一般。第一次披荆斩棘的前行，总是需要很多努力，也异常艰难，但如果你经常选择走这条路，走起来就会更加容易，因为你已经适应了。不断地重复这个思维，它就会变成一件稀松平常的事情，这意味着你已经可以熟练运用这个思维了。重复这些思维的次数越多，这些思维得到改善和提升的机会也就越多。它会带给你不同于以往的观点、信念、价值观和行为方式，并最终给你的生活带来不一样的结局。

现实生活让我们不得不接受一些新事物，无论我们是否喜欢，它们都会融入我们的生活，进而变成我们的一部分。大脑不会过滤或区别对待任何事物，那些不断被我们关注与重复做的事，最终都会促使思维模式的产生，我们无需控制，它就会自动被激活，这样，我们的信念、态度与行为方式都会受其影响。

发现潜意识深处最真实的自己

人们通常会将绝大部分精力放在那些不喜欢、不愿面对、惧怕或感到痛苦的事情上。很多人认为如果对这些事情保持足够的警惕，他就可以做好充分的准备来应对，可事实却颇具讽刺意味。大脑会接收到人们所关注的事物的信息，经过思维处理，与其他神经系统连接。

如果我们一直关注潜在的负面结果，实际上就是在不断强化这种思维，它又会对我们的信念和行为产生影响，最终，结果往往适得其反。过分关注、担忧或纠结于问题，实际上会引发更多问题，不但不能帮人们解决或规避问题，最终产生的恰恰是我们希望规避的结果。

自人类进入生命状态那一刻起，大脑就已经具备神经基础，这一基础既是远期也是近期基因遗传的结果。而在之后的人生旅途中，自己的生活经历和所做出的各种选择，造就了每个人不同的性格。

如果将人的生命看作一幅美轮美奂的画卷，我们的基因遗传就是画卷最初的底稿。这整幅杰作所涵盖的细节、色彩与纹理，也就是那个最本真的自我，在生命历程中不断被各种经历，尤其是在这些经历中我们所选择的认知、信念与态度塑造及完善。

理解大脑的作用，是至关重要的一步。大脑是心灵表达的工具，要想完成人生的画卷，我们就必须了解堪称“人类长期进化的奇迹”的大脑。大脑作为极度复杂的信息处理中心，是人类在有生之年得以实现进步与进化的关键。人类要在生命中取得平衡、成功与快乐，就必须理解大脑的地位与功能。尽管人类的大脑如此迷人与奇特，但指引我们人生的真正力量却在大脑之外。

随着叙述的深入，在剩下的章节中，我们将超越对大脑本身的探讨，而聚焦于大脑的引导者，这个引导者，也就是选择的决定者，是我们潜意识深处最真实的自己。

第 4 章

家庭思维与行为模式

> 其他事情也会改变我们，但家庭与我们始终相伴。
>
> ——安东尼·博瑞特

当我们决定去真正地了解自己的生活，并且有意识地去创造生活时，回顾过往走过的历程就变得尤为重要，其中最重要的是童年时期的家庭经历。

我们的家庭生活就是一个训练场，通过它我们得以初步了解人们如何行动、思考、认知与相互信任。童年时期，思维具有很强的可塑性，我们通常会认同兄弟姐妹的认知，并整合进自身的经验之中。最终，在周围人的影响下，我们会形成自己的信念与价值观，这进一步影响了我们的行为与认同感。

童年如何塑造了我们

每当一个新的来访者来向我咨询，我通常都会先深入了解这个来访者的个人信息。几乎每个来访者在诉说他们的故事时，都会或多或少地提及童年时期的经历。童年时期，神经网络连接的速度与数量都很惊人，而孩子又特别容易受到他人影响。因此，在童年时期，人的信念、价值观、智力甚至情绪，都会在与家庭成员互动的过程中迅速被塑造。

无论何种情形，没有人可以完全摆脱家庭成员之间的相互影响。家庭生活教会了我们在社会上生存所需要的各种技巧，如礼貌回话、相互交流、社交关系等。更为重要的是，家庭生活为我们的情感打下了基础，而这至少会延续到成年时期。

有些人即使到了成年期，情感根基仍然不堪一击，即使一个小小的挑战，也随时可能将他打败。还有一些人很幸运，童年时期他们就拥有幸福美满的家庭生活，这使得他们即使遇上暴风骤雨，也能安然无恙。

人在童年时期会形成巨大的神经网络，因此为了实现人生中的成功和转变，我们必须研究这一时期大脑形成的思维模式，并辨别这些模式是否适用于成人的世界。想要了解自己及自我意识是如何受到家庭影响的，就需要实事求是地看待家庭中主要的问题，以及那些引发功能失调的事件。父母是我们在心理和情感上最依赖的人，毋庸置疑，他们的心理和情感状态会直接影响到我们的情感。

父母会通过各种方式为你提供正面支持与教育，这使你形成了一些积极向上的性格特征。当然，你也可能会继承父母的一些消极的思维模式，正是这些消极的思维模式让你经常把事情弄得一团糟。

童年时期就形成的思维模式常常很隐秘，有些会成为迈向理想生活的阻碍，所以，你需要将其分辨出来，并采取积极的措施改造这种模式，让自己从中剥离出来，这样才能够彻底消除这些不良的思维模式，也不会将其遗传给后代。

如果你的父母之中有一位患有抑郁症，那么你可能会形成这样一种思维，即我应该做好每一件事，这是我的职责。你担心父母无法提供力量与支持，所以很早就进入了承担责任、照料家人的角色。

如果你有过这种童年经历，你很可能觉得自己有责任让每个人都健康快乐。在这样的信念下，有时你会很绝望，因为没有人能让周围所有人都健康快乐。如果你一直活在这样的信念下，难免会经常受挫，渐渐你就会丧失自己的独立性与自我价值感。

假如你的父母有一方喜怒无常，那么你可能会形成这样一种思维，那就是担忧自己的世界随时可能坍塌，会时刻提醒自己，看似牢不可破、平静美好的一切不知何时就会意外地飘然而逝，你根本不相信生活会如看上去的那般幸福安详。如果你长期处在这样的思维状态下，你会很容易陷入焦虑甚至恐慌中。我们的思维可以左右我们的生活，混乱、消极的思维会阻碍我们前进的步伐，让我们没有勇气面对成功之路上的风险。

如果你曾遭受过父母或其他家庭成员的侵犯，那么你有可能会陷入深深的无力感与恐惧感中。侵犯者会威胁你保守秘密，而这通常是恐惧的来源。童年时期的自责心理导致的负罪感与羞耻感会一直伴随你进入成年期，因为被侵犯的孩子总认为是自己纵容了这种事情发生，所以自己是一个“坏人”。

如果你的父母从未肯定过你，那么你成年后将会怀有深深的愤怒与憎恨。父母总是正确的，而自己在每件事情上都做得不够好，这会让你产生深深的挫败感，你的内心深处总是觉得自己不够优秀。

由于无法成就一番事业，你不免经常感到沮丧、自卑。每当你准备开始做一件有意义的事情时，比如找一份新工作或开创自己的新事业，这种思维就会使你陷入消极情绪的怪圈，从而让你缺乏雄心壮志，不停地自暴自弃。

以上提及的这些基本的思维模式都是从我的大多数来访者身上总结出来的，类似的模式一定还有很多，而每一种思维模式的产生，都源于家庭成员之间的互动，以及家庭关系是否和谐。

探寻思维模式的根源

我们都受制于家庭动力学（家庭动力学理论把家庭作为一个互动的系统，分析以家庭为背景的个人健康问题，解析家庭成员之间的相互作用。——译者注），在家庭这一环境下，我们形成了最初的情感和思维模式。不论我们承认与否，我们的性格与个性特征都直接受到了早期家庭成员的影响。讽刺的是，我们身上总会有一些特征同样存在于其他家庭成员身上，而这恰恰是自己无法容忍的。不细细剖析家族的情感和思维模式，就难以发现类似的情况。

家庭或亲密伙伴与我们的情绪活动密切相关，这就是为什么我们想要改变生活，细细剖析家庭环境会如此重要。觉察什么可以触动我们的情绪以及我们对此如何应对，认识这些是我们改善自己思维的起点。

我们对于自身的认知、信念与思维模式的形成过程有了清楚的认识后，就可以判断它们是否有助于我们达成人生目标。在生活中，我们与兄弟姐妹、配偶、父母、孩子相互影响。正是在家庭互动中，我们会释放自己最真实的反应。通常在那些最了解自己的人身边，我们会感觉更安全，这是因为我们和他们的生活有着千丝万缕的联系。比起朋友和萍水相逢的人，我们和家人之间的关系更为长久，也更为亲密。

童年时期，我们的情感状态往往会成为连接我们与家人的纽带。这时，我们与家庭成员接触最多，这个时期形成的情感都会在潜意识中发挥作用，而在情感形成时期发生的事件会决定我们的思维模式是积极的还是消极的。

即使作为成人，我们也会将自己的情感与家人联系起来，尤其在脆弱或失败时，我们的脑海中总会出现“我需要妈妈，我需要爸爸”的想法，再坚强的人也有渴望父母慰藉的时候，而且大部分人都是这样。因为我们已经习惯从父母那里得到帮助和慰藉。

当然，许多人在童年时期与父母的关系很复杂，争吵和冲突会伤害彼此之间的感情。多数人都曾受到过父母消极情绪的影响，所以他们从小就悲观。在与他人交往的过程中，他们通常都会觉得自己会被遗弃，从而对他人缺乏信任。

基于家庭产生的情感模式，可能会变得相当复杂且不易改变，因为童年时期感受到的情感是原汁原味、未加过滤的。无论是非常开心还是极度悲伤，抑或是极为愤怒，这些强烈的情感都会在大脑中形成稳固的思维模式。无论我们是否意识到，在童年时期形成的思维都将是根深蒂固的。

我的一些女性朋友，总是觉得只有取悦自己的父亲，才能赢得关心和喜爱。这些女性勤奋努力、文化水平高、事业有成，她们拥有着外人羡慕不已的生活。但除去事业成功的表象，我们不难发现，她们心里一直担心自己是否做得足够好。这种对自我的怀疑迫使她们一直不断努力做得更好，以求满足自我潜意识中的要求。通过研究家族史，并对照她们的经历，我们很容易发现，这种严苛、自我挫败的思维的根源。

更为重要的是，当我们了解问题的根源后，千万不要责怪或怨恨家人。在以上的例子中，多数父亲其实都是在为女儿考虑，他们绝不允许女儿被冷酷的男人无情抛弃这种情况发生，在他们看来，最好的解决办法就是教会她们制订完美而严格的择偶标准。

家庭责备游戏

有些人从小就历经苦难，他们把这些消极的情绪和思维，归咎于生活中的某位家庭成员。他们经常认为，自己生活得如此落魄，就是因为父母或兄弟姐妹造成的。在一些极端案例中，比如性侵犯、心理侵犯或悲惨的经历，让他们时至今日都难以摆脱当年遭受侵犯或被忽视的阴影。这些人非常需要治疗师的帮助，在治疗师的帮助下，他们可以摆脱阴影，开始全新的生活。

多数情况下，消极情绪来源于家庭成员之间的日常交流。在家庭互动过程中发生的某些事可能会导致认知扭曲，认知扭曲会形成消极的思维，消极的思维会导致消极的信念，而之后我们又据此行事，最终导致自己陷入悲惨的境地。在这样扭曲的认知下，人们自然而然地认为兄弟姐妹、父母或其他家庭成员是造成自己悲惨命运的罪魁祸首，即使自己已经离家多年，他们依然会把自己的困境归咎于他们。人们经常以完美标准要求家人，而对其他人则会降低标准。

许多人往往忽视了兄弟姐妹和父母也只是凡人的事实。人无完人，他们也同样有缺点。如果我们总认为某个家人粗鲁、麻木不仁、自私、斤斤计较、不公平、严厉，总是拿他们的缺点来惩罚自己，总是陷入过去的事里不能自拔，那么放手与迈步向前就变得愈加不可实现。

人们总是习惯于用自己的眼光去看待别人做的事，这使得我们形成了一种不良思维模式，即总是习惯捕捉他人的负面事件，这最终导致自己的思维也受其控制和影响。

有些人在与家庭成员的相处和交流的过程中感到万分痛苦，他们时常觉得自己无足轻重、不被喜爱或没有地位。一旦他们持续重复这些负面经历和负面思维，并且感受与之相伴的痛苦情绪，他们就无法从中解脱。

从某种程度上说，沉溺于负面经历、负面思维及负面情绪，只会让我们更加相信自己的负面评价，诸如我是一个无足轻重、不被喜爱、没有地位的人，这其实是荒谬至极的。

深思之后，我们就会明白：无论家庭成员有多糟糕、多可憎，他们的行为也是他们童年生活的产物。如果你的母亲由她酗酒的父亲抚养长大，童年时期饱受拒绝或忽视，那么这种被抛弃的负面情绪可能会让她觉得自己不值得被爱，也没有价值。如果你也体验到了相同的感受，这很可能是因为母亲没有被治愈。只要这些问题没有得到解决，这样的观念与思维就会不断地传递到下一代身上，而我们可以选择摆脱它还是任其继续存在。

在为来访者做咨询的过程中，我看到了信念和思维模式是如何形成的，这既让人着迷又让人惊奇。当来访者意识到这些信念与思维模式不具有任何意义时，他们往往会感到前所未有的解脱和自由。接受家庭成员的缺点，认识到每个人都在努力做到最好。只有这样，他们才会如释重负，原来很多所谓的痛苦经历都是自己在脑中编织出来的，他们也不再认为别人做的每件事情都是在针对自己。

伴随狂喜而来的是摆脱自我牢笼的释放感，这时人们甚至还觉得自己有些愚蠢，为什么长久以来，自己会把自己禁锢在如此沉重的枷锁中？

不再责备，重新担起生活的责任才是改善生活最有效的办法，也是从家族的消极思维模式中解脱出来的最有效的办法。不管家庭成员是全力支持、耐心培养我们，还是严厉苛刻甚至虐待我们，这些都没有关系，只有学会从过去的消极情绪和思维模式中走出来，才能获得自由，才能真正创造属于自己的生活。将痛苦的经历作为人生失败的借口，将自己的一事无成归咎于他人，这些都是消极情绪和思维模式在作怪。改变生活需要实事求是、集中精神、努力工作等这些永远不变的优秀品质，当然，也需要决心和行动力，前路可能风险重重、挑战多多，有时不堪回首的生活经历还会重现，但想要改变又岂能止步于此？

唯有原谅才能解脱

摆脱家族模式的另一剂良方就是，重新审视家庭中的准则、信念和价值观。许多人被自己不曾意识到的习惯所禁锢，仅仅因为受到家庭成员处理事情的方式的影响，他们做出违心的决定，很可能就是因为担心家庭成员不接受自己的真实想法。如果自己真实的想法与家庭传统产生了分歧，那么延续已久的家庭传统对他而言，无异于极大的惩罚。

有位杰出、富有才华的年轻小伙子，非常喜欢戏剧和剧本创作，在报考大学选择专业的时候，迫于家庭的压力，不得不选择了金融专业，原因很简单，家人在该领域取得了成功。于是他就用了二十年的时间来从事这份自己憎恶的工作，这给他带来了巨大的痛苦，而这一切都源于他没有听从内心的声音，而放弃了自己的兴趣和爱好。

一位从家暴中走出来的离异女士，遇到了一位善良、富有同情心、事业有成的男士，但他们种族不同。这位女士屈于家庭压力，最终和这位男士分手，原因就是家人认为，种族不同的人观念也会有很大的不同，最后必然会分手。以至于在未来的十年中，她一次次遇到自己心仪的人，却一次次拒绝对方，只因身边的人总认为他们有些地方与她不合适。

一个在贫穷窟长大的小伙子学习成绩优异，年年获得奖学金。但他受到了家族成员的打压，因为他们看到小伙子如此出类拔萃，感到非常不安。开学没多久，他就辍学了，因为他担心被家庭成员排斥，因此他要努力地向家人证明，自己并不比他们优秀。

从家族中，我们也继承了很多优良的传统和价值观，这些对我们以后的生活有很大帮助。所以，我们应该实事求是地看待童年经历，并要了解这些经历如何塑造了我们的认知、信念和价值观。只有这样，我们才能从自己的思维地图中，找到通往理想生活的道路。这是我们对家庭的价值观和信念鉴别的过程，也是我们与自己的内心重新进行完美匹配的过程。

我会使用一些技巧帮助来访者释放消极的思维。例如我会运用催眠疗法把他们带回到童年，让他们认识到童年时所受到的伤害，并让他们从不幸的经历中恢复过来。在这个过程中，来访者会回到童年时代，并用现在这个成熟的自己的思维去治愈曾经受伤的那个自己。得到疗愈的来访者在面对接下来的生活挑战时，往往会做得很好。

我还会利用催眠疗法，帮他们找到让他们感到不快乐的家庭成员，并引导他们原谅这些家庭成员。原谅并不意味着宽恕那些不可接受的行为，而是理解他人之所以有这样的缺点，也是因为他们没有被治愈。原谅可以让他们将痛苦和憎恨转化为其他正面的情绪，从而不再继续危害自己的健康和幸福。原谅家人以及那些伤害过我们的人，是得到真正解脱的关键一步。

家族的历史是如此重要，如果一个人花费时间去剖析、回顾童年时期来自家庭的影响，那么在他了解这些源自家族的模式并将这些模式消除后，他的人生之旅会变得更加精彩。随着这一过程的展开，我们会了解真实的自己，然后就能选择哪些痛苦需要释放，哪些回忆值得永远怀念和珍惜。

第 5 章

情绪：思维与身体的纽带

掩饰自己的悲伤只会让自己的身体受到伤害。

——亨利·莫兹利

帮助人们的最好办法，就是让他们全面地了解自我。在本章有关心灵改造的探讨中，各位将学习到心灵与肉体的各个部分是如何紧密关联在一起的。以前，科学界认为人类的身体与心灵是两个互不相关并且相互独立的系统，并对两个部分采取区别对待的态度。

最近，科学家展开了一系列有趣的研究，证明结果恰恰与之前相反。现在人们渐渐了解，心灵与身体通过许多系统以多种方式紧密关联。人们也认识到，我们的所思所感以及身体所接触到的事物都会影响人的肉体，并且会改变其存在的状态。

思想、情绪、身体与环境之间并不是割裂开来的，真正的断裂存在于人类认识与真实世界之间，一方面人类对于自身整合度的了解相当有限，另一方面，在现实世界中，思想、身体、精神却是真正作为一个整体在运转。

身心失调

大脑对于身体而言，就像一个独立但样样俱全的小型药房。大脑、腺体和各器官组织会不停地分泌化学物质，而这些化学物质是由思维、情感和环境等诱发出来的。这些化学物质又促使思维和身体发生反应，到底发生什么反应，则取决于被诱发的化学物质及诱因是什么。

上述化学物质时刻不停地作用于人的心灵与身体，调节着人们在处理人际关系和工作中的反应、选择与行动，也调节着人们的创造力、活力与前进动力。

同时，它们还有助于协调人们各种情绪状态，如安静或烦躁、平和或焦虑、抑郁或激动。此外，它们具有巩固人类免疫系统的能力，进而增加人们的抵抗力。

人们的一切活动都逃不过遍布体内传递信息的这些小分子，它们贯通人的整个身体，传递着各类信息，而这些信息又时刻存在于各种思维与情绪中，它们的任务就是确保身体或思维中的所有细胞保持协调统一。

记得小时候，无意之中听到父母谈论一位女士，说她可能患有身心失调（psychosomatic）。提及“身心失调”这一词时，他们紧咬嘴唇、眉头紧锁，我对这一点印象十分深刻，当时我感觉他们口中的这个人有点神经兮兮。现在我终于明白那位女士的疾病仅仅是一个假象，而绝非真实存在的。

如果说身心失调是精神失常的迹象，那么生过这种病的人，都不会赞同。“psychosomatic”这个词描述了大多疾病的实质，“psycho”的意思是“精神”，“soma”的意思是“身体”。身心失调是思维或身体不和谐导致的疾病。科学已经证明，无论哪种疾病，即使不是由身心失调所导致，都不可避免地带有身心失调的成分。之后，我们将讨论有关这一疾病的具体研究。

上述科学发现对于人类生活具有深远意义，它能够赋予我们掌控自己健康与幸福状态的力量。人的生存状态，通常会决定人生各个方面成就的大小，以及享受生活的程度。当人们对此具有了足够多的认知与了解，就能够更好地掌控自己的存在状态，自然也就可以更好地把握生活。

为了更好地了解身心互动机制，我们需要先了解一些科学层面的知识。生物分子学与神经科学的不断深入研究，为人类提供了许多振奋人心的发现，这些发现清晰地描绘了思维和情感间的互动，以及体内化学物质传递信息的方式。人类情感的化学作用似乎是思维与身体交流的工具。

人的中枢神经系统是大脑的延伸，贯穿于人的整个身体，通过末梢神经与神经回路将所有系统与各个器官连结在一起，其中也包括皮肤。神经系统是人体所有功能与系统的调节者，包括呼吸、心血、泌尿、消化、免疫与生殖系统。相互连结的系统像精密的交通网一样，通过它们，信息以电子脉冲与配体（也称为配基，化学名词，配体可和中心原子产生原子、分子和离子。——译者注）的形式，依照指令传输到人体的各个系统之中。

大脑与身体之间的信息运动是循环往复的。只要人在现实生活中不断地从外部世界接受刺激，那么这类活动就会存在。人接受的刺激多以思维的形式存在，之后通过认知过滤，最终形成每个人对外部发生的事情的独特认知。

最新的研究发现，记忆不仅仅存储于大脑之中，而且还遍布全身。当人持续重复某种思维或持续处在某种特定情绪状态中，大脑和身体就会储存与这些细胞活动相对应的化学物质，进而形成思维和身体的“习得模式”。因此并非只有大脑细胞具有记忆功能，遍布身体的细胞同样具有这种功能，人体各个器官，甚至表皮都具有这项功能。

配体由神经递质、类固醇和钛组成，包含了氨基酸和蛋白质。这些化学物质在大脑和身体里游走，寻找一个合适的“细胞码头”停靠，来分享和交流信息。这些分子就像小小的邮递员，他们获取信息并负责将这些信息传输给整个身体。但要完成整个过程还需要一个签收者，也就是受体分子。

受体分子是依附在体内每个细胞上的单体分子，它们的任务是勘探适合寄生的细胞信息，它们的功能则主要是留意携带信息的传递者，即配体。

受体分子在每个寄生细胞膜表面跳动，它们的根须蜿蜒曲折地分布于细胞膜上，并且渗透入细胞内部。它们在细胞附近游动，当符合细胞要求的化学信使出现时，它们就会游上去与其联系。

思维影响情绪，情绪影响身体

在分子生物学家坎德丝·帕特博士的著作《情感的分子》（*Molecules of Emotion*）一书中，她将肽或接收器的结合过程称为“分子领域的性”。她描述了这种结合是如何使得受体分子四处活动及重组，直到将新信息从配体传到细胞表面，而分子内部也随即发生连锁反应的。

这些反应可能包括细胞分裂、增加或减少活性化学序列，以及开合细胞膜上的离子通道。这些通道就像小阀门，它可以控制诸如钾离子的流出和钠离子的流入来平衡电子化学。这些分子的运动都会影响身体的关键功能，比如心脏的跳动。

帕特博士也描述了细胞的生存状态以及其运动方式。它们在任何时刻都依赖于表面所附着的受体，至于如何运动得看它们是否被配体占用。一般来说，细胞的表现、状态和寿命主要取决于分子在不断交流的过程中所发生的事件。当这些交流分子与细胞连结在一起，就会引发重大的生理变化，这些变化又会导致身体、情绪以及行为上的巨大变化。

在受体分子研究的早期，科学家认为情绪仅仅存在于大脑的某个区域之中，这一区域包括扁桃体、边缘皮质与海马体。人们将大脑的这一区域称为“情绪控制区”。现在人们已经知道，海马体事实上充当的是所有情感经历的通道。科学家们已经在海马体发现了情绪接收器钛的踪迹。

进一步的研究发现，情绪钛遍布全身，帕特博士创造了“神经肽”这一术语，神经肽指存在于人体神经组织，并参与神经系统功能作用的天然活性物质，它们也是我们的情绪表征。

自主神经系统是情绪肽的一部分，其职责是控制身体，它的意义重大。对它的研究表明，即使是无意识行为，如心率、消化、呼吸、唾液、汗液、尿液分泌和性冲动，也与情绪有关。

当今社会，人们会遭受各种小病小痛的折磨，诸如消化不良、心律不齐、勃起异常或者性欲不足等，而所有这些生理功能都依赖于自主神经系统。然而上述这些仅仅是所有功能紊乱中的一小部分，它们其实是情绪压抑或被忽视后果的一种表现形式。当人们对现状永远不知足时，这种因需要得不到满足而引起的情绪压抑或忽视就毫不奇怪了。通常人们没有足够的时间来处理这样的负面情绪。残留的负面情绪就会在我们体内堆积，最后变成大问题，影响我们的健康和幸福。

罗伯特·艾德博士在 1981 年撰写了《心理神经免疫学》(*Psychoneuroimmunology*)一书，是这一科学新领域的首本著作。

1974 年艾德博士偶然获得了一个重大发现。当时他正在进行研究小老鼠的条件反射所能持续的时间长度的实验。他将糖水与会导致反胃的药物环磷酰胺混合，以此让小老鼠产生腹痛与糖水之间的意识关联。随后，他只给它们供应没有加环磷酰胺的糖水，没想到的是，小老鼠喝了这种糖水后，依然腹痛，几次之后，最终被折磨得死去。

这使艾德博士大为困惑，他检查了环磷酰胺的性能，发现它的副作用之一就是破坏免疫系统。尽管老鼠再也没有摄入到破坏免疫的反胃药物，而且首次摄入的时间也很短，老鼠的思维却将糖水和免疫系统的破坏联系在了一起。实际上，老鼠思维中的期望反应，才是导致它们生病和死亡的真正原因。

哈佛心理学家艾伦·朗格博士的研究也很有启发性，她研究了人对于自身运动的认知与身体的运作的联系。为此，她研究了酒店的女服务员。尽管女服务员们拖着吸尘器和手推车到处跑，几乎每时每刻都在干体力活，但大多数人并不认为自己在锻炼身体。

她们当中百分之六十七的人认为自己不经常运动，三分之一的人认为自己根本不做运动。这些人认为自己缺乏运动的想法已经相当奇怪，更令人匪夷所思的是，尽管她们的运动量已经远远超过了美国卫生局的规定，却几乎无人从体力劳动中获得更强壮健康的身体。

随后，朗格博士将这些女服务员随机分为两组，其中一组被告知她们每日的活动量超过了国家要求标准，另一组则什么也没有被告知。

研究发现，一个月后被告知的那组女服务员的血压、体重与腰臀比例显著下降。朗格研究小组证实了这一观点：因为安慰剂效应，这些女性自己产生了工作有利于健康的认知，这明显改变了她们的身体形态和身体素质。

科学家们还研究了抑郁与各种疾病之间的联系，下面是一些有趣的结果：

抑郁的人心脏病的发病率是普通人的4.5倍。患有心脏病的抑郁症患者的死亡率是普通心脏病患者的3倍。

抑郁达六年的患者在接下来的四年之中患癌症的概率高达百分之八十八。

抑郁的人更易患II型糖尿病。

焦虑抑郁的儿童，比情绪稳定的儿童需要更多的药物治疗，花费在医院的时间也更多。情感压力似乎是引发哮喘病的重要原因。

对血压本来正常的患者，进行长达十六年的血压监测。结果显示，焦虑和抑郁的人，患高血压的可能性是正常人的二至三倍。

上述研究结果都表明，精神状态对身体健康有直接的影响。

帕特博士的其他研究显示，诸如呼吸道、肠道病毒，会利用相同的去甲肾上腺素的细胞受体侵入细胞。人们在开心的时候去甲肾上腺素会加速分泌传递信息物质，所以开心的人不容易生病，细胞受体饱含幸福物质，呼吸道、肠道病毒无法停留。

2008 年 6 月艾弗拉姆·C. 特拉赫滕贝格在《国际神经科学期刊》上发表了一篇名为《意象引导对免疫系统的影响》（*The Effects of Guided Imagery and the Immune System*）的研究报告。这一研究显示意象引导可以减小压力、提升免疫力，而且针对特定细胞的意象引导还可以促进白细胞再生。

从思维中解放出来

我还可以引用很多科学研究，来说明重大科学研究领域的一些打破神话的工作成果，它们涉及了人类有机体是何时、为何及如何达到平衡的。内分泌学、神经科学、免疫学等领域也必须正视人类身心系统的关联性，以及其信息的持续整合性。科学领域越是近距离地研究这些关联性，就越能发掘人类思维、身体与情感之间的联系。

人的所思、所感、所为以及一切进入身体的东西，如伴着食物进入身体的杀虫剂、污染物及药物，都会对人的思维与行为产生影响。然而就是这些构成了我们生命的形式。幸运的是，由于人的身体具有持续接受新信息与接受新事物的能力，所以人的健康或幸福状态并非一成不变。

如果你曾生活在消极情绪和混乱思维状态下，对于进入身体的这些东西也没有关注过，那么就从现在做出改变吧，因为做出改变从来不晚。在接下来的几章中，我们会探讨，为了让你长期拥有健康与幸福的状态，我们应该做些什么。借助意识与意志，你便能改变贯穿于身心之中的信息流与能量流。你也能学习和应用一些方法，做出相应选择，创造并维持自己所期望的生活状态。

由于身与心之间在不断进行着交流与信息反馈，所以无论你何时介入，这种干预都会对这次循环产生影响。

这正是我很喜欢现在的一些特别的治疗方法的原因。人们经常说，他们用针灸、按摩、催眠、冥想、顺势疗法、情绪疗法等方法解除了病痛与压力，而且效果不错。有些怀疑者常常不相信这些方法，恰恰是因为这些方法都有效果。他们认为，面对着产生原因千差万别的问题，会有如此多样化的治疗方法，且患者和治疗师都反馈效果显著，这着实难以置信。

比如，躺在病床上等人用针灸扎入体内和斜靠在椅子上让别人来催眠，是完全不同的两种治疗方法，但这些方法在受孕、缓解焦虑、治疗慢性疼痛和保持最佳状态方面均成效显著，上述形形色色的疗法都具有效果，主要原因在于它们都在某种程度上干预了思维与身体的反馈回路。通常，每个方法都有一个特殊的切入点。

人的身体之中存在奇妙的交流系统，通过它人体整个系统可以分享各类信息，诸如思维变化、情绪波动、能量转移与化学变化，而这些变化又都来自于诸如维他命补充与饮食调节等外部能量补充的行为。

我非常庆幸自己曾接受过各种疗法的培训，这些培训使得我能帮助来访者从不同的切入点进入他的思维与身体反馈回路中。这些疗法的疗效都让我很满意，我也会推荐我的来访者试试其他我未曾涉足过的疗法，如自然疗法、脊背按摩、针灸。通常，由于这些治疗方法能够从不同切入点同时进入健康循环中，会让患者恢复得更快。

我们对思维与身体协调的研究，让生活充满了可能，这着实令人兴奋。意识到了这一点，我们就能够在必要时，积极采取有效的措施介入思维与身体的反馈回路，给自己和所爱的人创造前所未有的健康、快乐和幸福。

第二部分

实/现/思/维/转/变/的/七/大/支/柱

THE SEVEN PILLARS OF TRANSFORMATION

当你告别混乱思维，着手重建一个清晰的创造性思维时，这七大支柱，就是推动人生转变的力量之源。在生活中，新的挑战总是不期而至，无论何时，这些方法都会帮助你立足于根本性的事实，勇往直前，永不后退。

第 6 章
支柱一：自我坦诚
认识面具之下的面孔

诚实是《智慧书》的第一篇章。

——托马斯・杰斐逊

自我坦诚是构建清晰思维的关键原则。在帮助来访者克服各种问题的过程中，我发现能够迅速突破障碍并取得进步的，通常是那些最能诚实面对自己的人。治疗的过程中，来访者需要向自己坦白，所以如果你有生活导师，最好多向他坦白。

当我们不得不承认自己的恐惧、缺乏安全感、嫉妒和怨恨等曾经有过的负面情绪时，自然而然地会感到脆弱。人们很擅长在大脑里给自己画像，而这种形象往往掩盖了自认为不尽人意的性格特点。

情绪的外在表现其实是因人而异的，取决于个人对情绪的看法。比如说，让一个男人承认恐惧可能会很难，在大多数男人的信仰体系中，将恐惧表露出来意味着软弱，男人可能更愿意以硬汉的形象或愤怒的表情，来掩饰内心深处的恐惧。而一个女人可能内心极度怨愤，却总能以柔顺示人，给人以“小甜甜”的假象。这是因为她的信念体系在提示她，有亲和力、富有魅力的女性一定是甜心式的，而不是暴躁的、咄咄逼人的。

越想完美，越不完美

自我很擅长假造各种各样的表情和形象，来为自己提供安全的隐藏面具。缺乏安全感的人有时会通过习惯性的自以为是来掩饰内心的不安；有自卑感的女人，会苛求自己买天价的名牌服装，尽管她可能支付不起这样的“面具”；年轻时被扣上“懦弱”帽子的男人，可能会过度地健身，并服用类固醇药物来掩饰内心的不安，事实上，他的懦弱和敏感从没有被治愈。没有自信和勇气跟男人谈恋爱的女人，会渐渐变得对所有男人都要求苛刻，常以“我讨厌男人”这类话以及一些外在表现，来掩饰恐惧和不自信的事实。其实正是因为她内心不安，害怕被拒绝，才故意表现出“我很挑剔，是你们不够好”的样子来。

为了极力避免因暴露内心秘密而产生的恐惧与脆弱情绪，自我会把人前的那个“我”设计成一张斗篷，用以掩饰内心深处的这些负面情绪。每个人都有一两张“面具”来保护真我不被揭露出来，脱掉这张假面并不容易，因为我们已经习惯于靠它来隐藏最糟糕的自己。如果摘掉这张假面具，你会觉得自己丢失了一部分自我，这是一件很可怕的事情。事实是，我们确实失去了一部分自我，而我们失去的，恰恰是最有价值的那部分自我。

自我坦诚对我来说是非常有效的方法，因为我本人经历过无数次这类的转变，就像几年前我所经历的那次一样。那一次，我十二岁的女儿患上了可怕的饮食失调症。她本来就是一个偏瘦的小女孩，之前我就一直担忧她的饮食情况，所以当她被确诊生病时，我觉得最可怕的噩梦变成了现实。那些焦虑和恐惧的情绪令我心力交瘁，但也让我意识到，自己应该做出一些改变。我不再去想“我的孩子是完美的，不会像其他孩子那样生病”，那个忧心忡忡的自我必须消失，只有这样，我那漂亮的女儿才能够快些好起来。

经历了深刻的思考，“新我”经过改进，逐渐取代了“旧我”的位置。这个“新我”会告诉我说：“我的孩子有权利去独自面对挑战、奋力争取。这样她才能在锻炼中成长，变得更加出色。我的职责不是去干涉她，而是要给予她爱和支持。”

女儿康复了，我满怀欣喜。给女儿做了一番心理功课后，她再次变回了那个健康自信的自己。但是在整个过程中，真正难以治疗的却是我和她的父亲，在很大程度上我们需要通过对自己诚实地反思，来正视我们是如何使女儿陷进饮食失调的恶性循环中的。我需要反省的一件事就是，那个认为“我的孩子是完美的”的自我，来源于我对那些可能发生在孩子身上的所有坏事的长期恐惧。我过于担心孩子面前那些潜在的陷阱，强迫自己相信孩子不会遇到这些磨难。我的长期忧虑，在无意中传递到了孩子身上。在我小女儿的这次事件中，我的一些做法，在某种程度上也造成了她的焦虑和身体失控。

就像我必须消灭那个“认为孩子很完美”的自我一样，丈夫也必须消灭那个“认为自己需要在所有家庭事务中拥有最终控制权和发言权”的自我。通过这件事，他学会了如何尊重每一个人的感受和意见，即使他也拥有保留意见的权利。为了让自己更加完美，这种“所有事都要由我做主”的霸道自我必须消失。

这种所有人都不想经历的事情，最终却给我们全家人带来了救赎。好比一群蜜蜂飞到裤腿上，你无法保持静止，也无法不惊动它们，直到采取行动前，你都会一直感到疼痛和不适。承认自身的脆弱，并在治疗过程中自我坦诚，可以从带来负面效果的“自我”中解脱出来，并释放这些“自我”的恐惧和脆弱情绪。

当人生遇到最艰难的挑战时，我们通常面对的是一些能改变生命轨迹的机会，这时，我们就要勇敢地抛弃面具，拥抱真实的内心世界。我们都曾对着旧照片问自己：“这么老土的发型，当时的我为什么会觉得特别适合呢？”当然，这可能是因为时尚一直在变。另外，如果长时间留着同一种发型，久而久之可能会习以为常，甚至视而不见。不合时宜的那部分自我也是这个道理，习惯后可能就不会再注意了。除非发生一些事情，迫使我们不得不做出改变，那时我们才会突然意识到，那些发型确实不怎么美观，然后反问自己，当时为什么要坚持留着它。

那段经历给我带来了深刻的转变，我最终选择放下的是苛求“完美妈妈和完美孩子”的自我，放下的动力来源于对女儿深刻而真挚的爱，这种爱推着我走出去与人交谈，并为女儿寻求最佳的庇护。我对女儿的爱以及希望她一切安好的心情，把我从深深的不安中解放了出来，这也给我自身带来了转变，这种转变比换上全新的发型效果还要好！

冲破自我束缚的牢笼

人生最伟大的生命旅程是历经多次生死轮回的考验。真实的自我，也就是灵魂的自我，是不会死的。相反，如果对各种搅局的自我不予清除，那么真实的自我就会遭遇死亡的煎熬。

假如你现在已步入中年，请想一想，现在你的身上还有多少二十多岁时的自我的影子；或者假如你现在二十岁，请想一想，现在你的身上还有多少十岁时的影子。现实生活中，你身边也许真的会有一个仍然在用孩童时期的自我来经营生活的人，那么在与这个人打交道时，你可能时常会觉得此人就是一个不理智的孩子。在某种情况下，人就是这样。那些在童年经历过创伤或极度焦虑的人可能会在情绪发展的某个阶段停滞，尽管他们以后会不断接受教育，在某个领域里取得成功，但在处理变化、冲突以及情感问题，尤其是亲密关系时，便会回到那个时期的自我状态。

对于那些仍受困于孩童时期的自我的人，我会用催眠疗法为他们做高强度的治疗，引导他们回到那段受到精神创伤以及形成最初情感和思维模式的时期。

正是由于受到这些模式的阻碍，他们才无法以正常成年人的身份展开人际交往。在催眠时，我可以给予儿时受到过创伤的成年人以安抚，然后帮他们重构内在空间，在那里，他们可以放下儿时的自我肩负的责任，这样成人自我就可以介入并接管一切。人们只有通过接受自身的弱点，才能形成更强大的人格。

心灵解码

物质不是衡量一切的标准

唐娜来找我的时候，还是一个离异不久的单亲妈妈，独自带着两个孩子。她想争取很多东西，却似乎总是无法获得满足感和充实感，因而对这样的现状感到非常困惑。在与她交流的过程中，有很长一段时间，唐娜很明显地把一切责任都归咎于她的母亲、父亲、前夫和现任男友。她厌恶所有人，指责他们做得不够好，否则她早就过上了自己梦想的生活。

运用自我坦诚原则分析了她的生活后，我发现她一直在嫉妒她的朋友。在唐娜看来，朋友们总是得到的比自己多，她们的丈夫比自己的丈夫更值得追求，她们有更漂亮的车、更华丽的房子，假期也比她多，她们甚至在风景优美的旅游胜地还拥有第二套房子。所有的这些，唐娜都认为自己早该拥有，却一直没得到。真正令她痛苦的是，她与这些朋友同时进入大学，有相同的社交圈子，她不明白在同样的世界里，她究竟出了什么问题。

经过一两个疗程之后，我发现，唐娜是一个被宠坏的孩子。她的母亲重视物质财富，喜欢乡间俱乐部式的生活，所以，她的母亲离开了父亲，嫁给了一个更有钱的男人。而她就是在这样的家庭环境熏陶下成长的。

多年来，唐娜在精神和情感上所形成的观念，几乎都和物质财富有关。母亲总是以物质财富为手段来表达对女儿的爱，并在物质基础上教她处理所有重要的社会关系，所以，唐娜内在的那个小女孩才会一直感到痛苦和无法满足。正是因为她内在的那个小女孩始终存在，所以她总是用这种孩子气或不成熟的方式来面对生活的挑战，也通过发脾气和怪罪身边的人去苛责他们以满足自己的要求。唐娜从未把对自己的爱或对别人的爱建立在内在品质上，她童年的自我总是告诉她，要以物质财富来衡量一个人。

接下来，我希望她在对待价值和优秀品质上，重新树立新的信念体系。最终唐娜明白了，她之所以一直渴望财富，却一直求而不得，就是因为她的眼睛只盯着财富，而忽略了一件重要的事，那就是一般情况下只有那些性格坚强、自律并诚实的人，才能成就伟大的事业，获得物质财富。我们为她做了强化训练，让她重新注意到那些有意义、有价值的内在品质。

在经过四五个疗程后，唐娜无论在说话做事时，还是给人的整体感觉上，都展现出了全新的风貌。她对自身不够完美的焦虑大大减少，能感到自己开始真正喜欢生活中的每一个人，并能全心享受生活中的每一刻。为了实现自身的理想，她打算肩负起责任，寻找一份能够发挥自身才能，并创造生活财富的好工作，不再等待天上掉馅饼。

治疗的过程有时需要唐娜大胆吐露心声、自我坦诚。在过去很长一段时间内，她用外表把自己粉饰得很好，因此只有逐渐深入地触及她内心的真相，才能使她真正永久性地改变自己的生活。

心墙倒塌，怪兽才会走出来

自我坦诚这个过程，对于我来说也很漫长，有时甚至非常痛苦。对于我的丈夫来说，二十年前的我与现在的我几乎不是同一个人。因此为了展现更加真实的自我，我花了几年时间，剥掉层层伪装。经历完这个过程后，我不再像以前一样，一直担心自己做得不够好。曾经，我总是戴着一副完美的面具。在这个面具下，我每做一件事，都非常害怕被人指出不足。我用心准备每一顿饭，仔细打扫家中的每一个角落，甚至在穿搭、谈吐、养育孩子上，都时刻保持警惕以免出错。

这种生活十分痛苦，我几乎没有任何喘息的机会，也无法享受那些细微而弥足珍贵的瞬间。任何的失误或表现不佳都让我非常焦虑，尤其在教养孩子方面，这种焦虑让我无法享受与家人相处的快乐时光。即使一天的奔波让我筋疲力尽，我仍然会克制自己不用冷藏的华夫饼做晚餐，而是强迫自己做一顿完美的晚餐，好让那些把育儿经烂熟于心的人挑不出任何毛病。事后我才意识到，即使当时不那么拼命，我的孩子也依然会健康快乐地成长。

在完美面具的束缚下，很长一段时间我都不知道如何善待自己。对不完美的恐惧让我不断鞭策自己，如果无人关注或赏识我如此无私奉献的精神，怨恨的情绪就会在心里滋生。这就是完美主义带来的副作用，一方面我每天以完美的标准惩罚自己，一方面我需要至亲的人，尤其是丈夫和孩子承认我的努力对他们来说有多重要。

这些年，我经历了种种：恍然开悟、迎接挑战、体验心痛、获得成功……这些经历改变了我的想法、观念以及做事的方式。回顾过去，我很同情曾经那个长期处于焦虑状态的自己，也很感激那些让我五味杂陈的点点滴滴，是它们成就了我现在的人生高度。回归自我的感觉真的很好，允许自己不完美也让我很舒服。现在的我仍然有很多缺点，但我坚信自己是有价值的，而且正是这些最糟糕的品质指引我成为了最棒的自己，这种感觉真的很好。

以自我坦诚的心态面对生活，那些由恐惧、不满、怨恨、嫉妒以及绝望等负面情绪化身而成的怪兽，就会从心里暴露出来。以虚假的自我掩饰这些恐怖的家伙，只会不断满足它们贪婪的胃口，滋养出更大的怪兽。我曾接触过一些人，他们出于对自身阴暗品质的恐惧，把这些小怪兽般的阴暗面深深埋在心底，小心翼翼地藏好，然而后来，这些小怪兽变成了咆哮的猛兽。这些患者来找我的时候，已处在一种无法与任何人相处的绝望中，即使面对自己，也无法进一步揭露自身最大的恐惧及弱点，这就导致交往功能障碍的往复循环，并开始表现出类似于精神错乱的症状。

在帮助这种患者时，我的主要方案就是，先触及他们的恐惧。

我会采用问答和情绪释放疗法来敲打他们所构筑的自我堡垒，直到他们的情绪爆发，使那堵心墙出现裂痕。尽管此时他们会处于负面情绪当中，但我会一直运用一些让他们感受到关爱的提示语，帮助他们慢慢敲打那堵心墙。

当心墙倒塌，里面的怪兽走出来后，我们会发现，在阳光下它们并没有那么可怕。但人们从中所获得的慰藉却是不可估量的，这会成为他们人生中一个崭新的起点，从此他们就能以真实的、有缺点的和不完美的自我生活下去。

通过表现出的自我坦诚来寻求真正的自我，其实是一个重新寻找自我灵魂的过程。诚实面对自己会使我们的生活，甚至身边的人的生活迅速发生改变。想象一下，假如人们能真正自由诚实地生活，在所有人际关系中都能诚实地表达自己，所有事情将会发生怎样天翻地覆的变化。当然，这并不是说即使看见有人穿了不好看的衣服，也要不假思索地指出来，这样当然会伤害对方的感情。真正的自我，实际上是要传达出对关键事物的真实看法。在认识到自身的弱点或错误时，很多人常常选择回避，因为一旦去面对这些弱点和错误，人们就会立刻开始批评或讨厌自己。在自我坦诚的过程中，保持中立并避免任何方式的自我评价是至关重要的，下面的关键句会帮助你将自我坦诚这一大支柱融入到生活当中。

真诚待己，才能更坦诚生活

把这些关键句写下来，贴在一个能随时看到的地方，这将会对你非常有帮助。它们会成为良好的提示，帮助你保持自我坦诚，并将其形成一种自然的习惯。

用全心全意的爱和宽容来对待自己。诚实接受内心的变化，不要进行自我评价。

别害怕表达你的感受。不要添加任何侮辱、批评或指责的情感，这样会导致感觉变得复杂。

对自己的感受负责。没有人能左右你对一件事的感觉，根据自己的喜好和理解，用自己的方式来感受，并做出反应。如果对方对你的态度苛刻或粗鲁，那就告诉他们，你觉得他们太苛刻、太粗鲁。

你有沉默的权利。在无法确保完全坦诚，或需要更多时间考虑最佳对策时，不要觉得自己必须要说些什么。很多人觉得，当事情发生在自己身上时，就需要立刻做出回应，反馈或采取一些措施，其实你有权利保持沉默。

在消极状态下，请尽量保持沉默。如果无法给出一个可靠的回答，就简单明了地告诉自己，这不是回应或谈论这件事的最佳时机，然后可以花一些时间，理清思路和感受。

假如在生活中，你不得不和一个喜怒无常、要求苛刻且举止不当的人打交道，那就为自己设置适当的界限，远离那个人的影响范围，你可以走到他面前，并真诚地说："我无法接受你现在的行为方式，除非我们互相尊重，否则我不会再讨论此事。"说完之后离开，再去选择一个你觉得合适的时间，与其进行礼貌的沟通。

如何更加诚实地生活，对于那些取得伟大成就的人来说，是必不可少的。当你开始更加坦诚地对待自己和他人时，自然也会从他人身上得到同等的对待。诚实地生活是摆脱那些片面的自我认识的真正方法，因为那些片面的自我认识，只会阻碍人们遵循真正的灵魂自我来生活。这也是自我坦诚这一支柱作为转变过程第一步的原因，它必须要先于其他支柱发挥作用，这样后面的支柱才能顺利发挥作用。

第7章

支柱二：观察

别让自己迷失在思考当中

人们思想的改变，是通过观察，而不是争论。

——威尔·罗杰斯

要改变生活，善于观察也非常重要。当你开始从事情的各个层面进行观察的时候，自己的感觉以及与其他人的相互关系，很快就会彻底发生改变。感知身边事物以及自己与身边事物的相互作用关系，可以使人客观地、有意识地对生活中的事物做出反应，不会产生不理智的想法，做出不理智的行为。

如果你想改变一些事物，首先要做的就是观察这个事物当前的状态，观察是改变的必要步骤。观察可以让我们摆脱固有的思维模式，只有深入观察你才会发现，原来自己在处理事情时，往往是按照大脑预先设定好的程序来执行的，并没有真正意识到所做的事情是什么，这件事情会对生活产生什么样的影响。观察会敞开一扇门，让各种各样的可供选择的道路呈现在面前。我在此介绍三个重要的方法，帮助你成为一个善于观察的人，从而实现真正的人生转变。

邀请内心的观察者

要学会观察，第一个方法就是练习觉察自己的想法。在本书第二章，我们谈论过，人们是如何变得不知所措，并认为自己的想法就是如此的。事实上，我们可以觉察自己的想法，并随意改变自己的想法。觉察内心的想法，会给生活带来意义深远的改变。因为觉察的过程能促使人们学会理清自己的思维。现在我们来做一个小练习。通读一遍方法后闭上眼睛，开始练习。

先闭上双眼，深呼吸，不要去想其他事情，把自己想象成独立于想法之外的个体。如果有想法冒出来，以一种超然的态度去看待它，把它当成一片叶子，被风吹到你身边。它跟你没有任何关系，不要以任何方式评判它或对它做出反应。继续几分钟，观看一下自己的想法，让那些想法在脑海中不断闪过，而你应始终保持超然的态度。练习几分钟后，在睁开眼睛之前，先问自己一个问题："是谁在看着这些想法飘过我的脑海？"静静地聆听、觉察，试着找出答案。

刚才那个观察者，其实是自己的一部分，能够帮你看清自己的想法，并让你和你的想法分离开。这位观察者是一个更高层次的自己，即灵魂中的自己。当你不带任何主观意识去感受、说话或做事时，就能注意到这个自己的存在。每个人都有这样的经历，当说了什么话，或者做了什么事之后，内心会有一个声音说："我刚刚居然说了那样的话，真奇怪。"或者："我真不知道为什么要这么做。"内心这个神奇的部分是灵魂中最本质的自己，也就是我们说的"真我"。真我能够不带主观想法地去观察，而且相对于自我来说，真我会更贴近于理想中的自己，更容易发掘自身最大的潜力，更接近你的本质。

发现真我，看上去像一种魔幻般的体验，当你唤醒了内心的这位观察者，你就会开始懂得真正的自己与心目中的自己有什么区别，就会明白自己的想法、观点以及由此而产生的信念并非全都有意义。如果可以将客观事实与主观想法区分开来，为什么不放弃那些给你带来痛苦和不幸的想法呢？

内心那个观察者敏锐的辨别力是与生俱来的。它就像经验丰富的美食家在品鉴食物一样，能够迅速而准确地分辨出哪些是真我所不欢迎的行为和态度。对于这位观察者的能力，我们运用得越多，它就越能熟练地揭示出自己的想法和行为是好是坏。美食家不会因尝到不太可口的食物而生气，至多以后不再吃就好了。同样，你的观察者也能够不带任何评判地看待你的一些不好的行为和想法，并且让你今后不再重蹈覆辙。

在日常的社交中，每当发现自己有生气、不安、迷茫或者当你和某人有相处不愉快的苗头时，先深呼吸，然后让内心的观察者提出以下几个问题：

此刻的我，对这段经历有什么想法？

这段经历让我产生了什么情绪，为什么会这样？

是什么观念，让我产生这些情绪？

那些冒出来的消极想法是什么？为何会出现这些想法？

在对这个不断萦绕脑海的思维过程进行观察之后，下一步要做的，就是提出一些具有质疑性的问题：

我的这些观念正确吗？这是否是我过去看问题的方式或偏见？

那些带给我不安的信念，是否是基于不受情绪影响的认知和理论产生的？是否带有无益于我内心至善的因素？

针对这个状况，我首先选取的价值观，是否符合内心真正的价值观？

我是否认识到，此刻经历的这些消极的情绪，是在一种旧的思维模式下产生的？我现在是否可以摆脱？

当不安、压抑或其他消极的情绪出现时，停下来觉察自己的想法，然后提出上面这些问题，向一直困扰你、给你带来消极情绪的思维模式提出质疑。这就像人们在旋转木马上坐得太久而头晕、无法集中精神时，可以选择跳下木马一样，你随时可以从不断萦绕脑海的想法或情绪中跳出来。每个人天生就具备这种能力。

情感模式和思维模式是比较难以改变的，你只有跳出这种惯性，才能看清这些模式的真面目。有些模式可能会让你感到沮丧、挫败、难过或烦乱。要改变你的生活，实现转变，你就需要认清哪些模式对你正在做的事情毫无帮助，甚至是一种阻碍。

我建议你把这些问题记下来，贴到书桌旁的墙上或放在钱包里随身带着。尤其在思想转变的初期，写下内心的答案会对你很有帮助。

将对自己的了解以文字的形式诉诸笔端，是一个人在转变过程当中重要的环节之一。这个记录的过程同时调动了我们身上好几种感官输入渠道，所以这样做能帮助我们了解到，是什么样的思维模式阻碍了通向幸福与成功之路。每当遇到问题，我们就可以通过那些记录下来的东西，回顾对自己的了解。久而久之，就会养成去不断质疑那些对生活无益的思维模式的良好习惯，进而让人受益终身。

隐藏在生活经历背后的真相

在我七岁那年，我们全家第一次外出旅行，目的地是夏威夷。父母带着五个孩子（那时我们家还有四个孩子未出生，不过从视频中可以明显看到，母亲泳衣下的肚子里怀着第六个孩子），乘坐泛美航空公司的飞机，最终到达欧胡岛的美丽海岛上。至今我还清晰地记得，当我们从停机坪走到航站楼时，我所体验到的前所未有的感觉：在爱德荷州南部高原干燥冰冷的气候里生活了七年后，我平生第一次感受到如此温和而湿润的微风、细如牛毛的雨丝，这感觉简直太美妙了。

入住酒店后的第一件事，就是去海边。我们都往海边奔跑，在水中嬉戏，开怀大笑，兴奋地叫嚷着。之前全家也去过加州的海边旅行，只是那时我还小，不能长时间泡在水里，所以对海浪的体验很有限。突然，一件可怕的事情发生了。那时我站在水中，水深已达腋窝，我背对着海，望着沙滩，呼唤着兄弟姐妹们。突然一个前所未见的巨浪从我身后袭来，将我推倒，我向前摔了个跟头。海浪不停地向我袭来，我随着海浪滚向沙滩，就像一个被扔出去的保龄球一样。那一刻的噩梦好像永远不会结束，在最后几次翻滚中，我终于被卷到浅水区域，背上也被沙子划伤了。

我一边试图在沙子和水中挣扎着站起来，一边不停地呛水、咳嗽，我很抓狂。妈妈刚好在那时转过头望向我，带着询问的眼神，问我是否有什么大碍。我勉强点点头，径直走过去，拿起毛巾围起来坐下。妈妈知道这时最好不要再问其他问题。我坐在那儿，望着仍在水中嬉戏的兄弟姐妹们，对自己说："我讨厌大海，我再也不要到水中玩了。"

接着，我目不转睛地盯着大海，看着他们，暗暗地想："为什么我会莫名其妙地被卷入海浪中？"我非常生气，因为觉得自己被大海的力量完全压倒了。看着兄弟姐妹还在玩水，我努力地回想刚才的情景，试图找出自己漏掉的细节。经过一段时间的观察，我渐渐发现了潮起潮落的规律。我注意到其他的孩子都是面向大海的，这样就知道海浪什么时候会来。当海浪靠近时，他们会使劲踩水，海浪就会将他们举起，而不是推倒。这样一来，他们可以漂在水上，体验刺激的踏浪，让海浪送自己回沙滩上。

懂得海潮涨落的规律后，我越发意识到，如果我一开始就像他们那么做，很有可能就不会讨厌大海了。了解海潮的涨落，我就知道如何驾驭海浪，这样就不会在毫无防备的情况下遭到袭击。如果一个七岁的小孩能领悟到这些，那说明当时的经历肯定令我印象深刻。最终，我还是原谅了大海，又回到水中嬉戏。并且我还领悟到，如果不想每次都像刚才那样感到无助，就得先好好观察。

时常向内觉察内心，向外观察世界，我们就会不断得到一些新的领悟。经常回顾过去发生的事，能使我们的思路更清晰，更客观地看待问题。生活跟大海很像，如果你不愿停下来思考正在发生的事情，也从未注意潮涨潮落的节奏，就有可能被海浪掀翻，或被生活的巨浪抛出，你甚至都不知道发生了什么事，也不知道为何会如此。如果你肯花一些时间回顾一下生活，观察我们正经历的事情，发现细节的力量，这样你就可以带着全新的认识和满身的活力，再度热情地投入生活的怀抱中。

你也需要观察每时每刻都会呈现在我们眼前的思想状态，然后在不同的经历中，回答那些具有挑战性问题，这会引领我们看清隐藏在生活经历背后的真相。当你从回答中触摸到真相，真相就会引导你摆脱错误的认识、偏见和不假思索的想法。

诚实地回答这些具有挑战性问题，会让你卸下于自己无益的感情包袱，最终帮你成就那个最好的自己，也有助于你真正意识到：也许你一直以来视为珍宝的一些东西，对于真我而言，并非如此重要。这样你就会发现，一些旧的思维模式是由消极情绪引起的，并不断地被我们巩固，而从这些思维模式中解放出来，也并非难事。

刚开始练习观察时，很多人会听到内在的那个自我会为一些不受欢迎、不被理解的行为辩护，并为这些行为找出一些看似正当的理由。这时候千万别上当，那只是自我在假扮中立的观察者。

只要不理会它，把问题交给内心真正的观察者，让这个观察者帮助你看清这些行为和态度的本质，告诉你这些行为是会引领你走向成功的康庄大道，还是坠入失败的无底深渊。

对于那些受到情绪影响而做出的反应，审视得越仔细，就越容易钻进有缺陷的或已经过时的观念里。正是这些观念导致了那些不恰当的反应的产生。自我保护是一种重要的提示，它告诉你潜意识中隐藏着消极的观念，比如自卑或自我否定的想法。

当别人碰触到你的敏感问题时，你会不会突然情绪高涨、难以自控、变得发狂，如同深海里的鲨鱼受到惊扰一般？如果是，你只是在进行自我保护。现在，紧要的是你要运用自我坦诚的原则，让自我保护的机制立刻停下来，让内心的观察者提问，弄清楚到底发生了什么事。接着，通过回答那些具有挑战性的问题，找出自我保护的根本原因。

当你处于自我保护状态时，可以通过这种练习，挖掘隐藏在自我保护背后的真实情感。在后面我们将学会如何运用情绪和感觉，加速自我疗愈。我们也知道，如果生命中有些东西似乎并没有发挥作用，这并不一定意味着保留它们是错误的。也许我们的错误的观点和选择基于错误的信息，使得我们不知不觉间，被禁锢在固有的思维模式中。观察可以让我们停下来，审视并转变固有的思维模式，或用更全面、更新颖的思维来代替它。

观察事物，而非评价事物

我们已经讲过观察的第一个方法，就是要正视自己的想法和观念。现在所说的第二个方法，能够使你摆脱情绪的束缚，实现精神上的解放。我们要学会准确观察身边的事情，这样做的目的，就是要让你懂得观察与评价的区别。

观察之前，很多人会不自觉地对一种情况发表评价。但评价一件事前，我们首先要根据自己的主观理解来判断这件事是好事还是坏事。如果你只是客观地描述事实，而不是根据自己的理解去评判，就能够避免很多不必要的矛盾发生。想要成为一个客观的观察者，先要问自己几个问题：

> 究竟发生了什么事？
>
> 我真正看到的是什么？我真正听到的是什么？
>
> 这是对自己所见所闻的反应，还是对内心看法的反应？

对一件事情的反应，如果带有个人情绪，情况可能很快就会恶化。如果发现自己的反应带有主观情绪，请立即停下来，首先区分哪些是自己对这件事的判断，哪些是单纯的通过客观的观察所发现的事实。

客观的观察能使我们清楚地认识到，我们对事情的解读以及做出的反应，其实在很大程度上，都带有强烈的主观情绪。

这个方法能让我们内心变得更强大，因为它使我们意识到，自己有能力阻止对事件错误的解读。通常情况下，如果我们对事件错误地理解，会使我们受困于痛苦的情绪中。这种痛苦会进一步迎合我们所捏造的事实，使得我们对自己和他人产生消极的想法。

假设丈夫在去打高尔夫球前告诉你，他会在下午五点之前回家。但由于球场人太多，他打球的速度慢了很多，每一个球洞都有许多球手在排队等候，因此他回家的时间比承诺的迟了很多。他刚进门，你就说："显然你更喜欢跟那些高尔夫球友待在一起。"那么这就是一种评价。

对一件事，我们可以这样来观察："你说会在下午五点前回家，现在已经是六点十五分了。"在发怒之前，你也可以通过一个问题，引出更多的信息，比如可以问："为什么你会这么迟回家？"

指责丈夫更喜欢高尔夫球友，这种解读并不是基于客观事实得出的。相反，这源自你内心缺乏安全感，以及你消极的思维模式。如果继续主观地解读一件事，而不是客观地观察，它会让你一次又一次地感到不安或恐惧。更糟的是，这会固化消极的思维模式，滋生消极的情绪，让你陷入无限循环的痛苦中。

当你成为观察大师，眼前就会有无限的可能性，你也不会再陷入痛苦的循环中了。

想象一下，如果你还是认定要继续开你的第一辆汽车，住你的第一套房子或穿你新婚时买的衣服。而这辆车、这套房子或这套衣服都是二三十年前买的，它们早已过时，年久失修，破损严重，不能很好地为你服务。出于某些原因，你认为自己必须永远留着它们，不管它们是否能为你所用。这时的你已变得如此依赖这些旧东西，但却忽略了一个事实，那就是这些东西会让你的生活变得艰难。

有一天，理财师告诉你："嘿，你现在有很多钱，可以买一辆新车、一套新房子和许多新衣服。让我们看看你所拥有的东西，看你是想继续使用那些旧的，还是想花钱买些新的、更好用的东西。"这是多么让人喜出望外的事啊！你不用再继续使用那些已经不能为你所用的垃圾了。这就是观察带来的好处，它能让人看清自己现在正在使用的东西。你会清醒地意识到，你不需要再受制于那些过时的思维，不用再被那些于你无益的消极情绪所影响。

生活是美好的！从现在开始，大步迈向美好的未来！

"聆听"身体的声音

接下来介绍第三个观察方法，即要学会观察自己的身体状况。

在第五章中，我们讨论了思维产生时，身体如何接收大脑所释放出的生物信息和化学信息。由意识和潜意识所引起的情绪，会产生一些化学物质。细胞有神经接收器，可以不断地接收这些化学物质的信息，与我们全身互相协调，并影响人们之间的关系。

它所折射出的，也是真正的思想状况。特别是当我们处于压抑的状态下时，我们便需要停歇片刻，观察身体的整体感受，或者观察身体每个部位的感觉。

心灵解码

心里的感受，身体会告诉你

坎迪斯对工作感到心烦意乱。她担任着管理层的职位，有很多的自主权，但也有很多限制。她薪水很高，也可以自由支配工作时间，她非常喜欢自己的工作，也愿意为老板效劳。但不知道为什么她每天都对工作感到烦闷。

要找出问题的根源，必须先弄清楚她潜意识中的思维。在她清醒的状态下，我从思维着手是无法解决问题的，因为坎迪斯思维清晰，很有条理，逻辑性强。于是我对她进行了轻度催眠，让她在潜意识状态下开始“经历”一天的工作，并让她下意识地注意到，在工作时身体是什么感觉。

通过催眠，我们发现了一个问题，坎迪斯需要跟上级进行交谈，而那位上级跟她年龄相仿。工作已经让她感受到很大的压力，而她只要想到这位特别的上级，便立即感到下腹疼痛，这无形中又增加了她的压力。她突然意识到，上级对她的要求与她在公司扮演的角色，以及自己的工作目标是毫不相干的。

在开始治疗前，出于对公司的责任感，坎迪斯接受了一些额外的工作任务，并与她真正需要完成的工作任务相冲突。在接受治疗之后，她能够感受到自己身体的感觉和当下的思维状态了。她承认在工作中会感觉到剧烈的腹痛，但她没有将腹痛的感觉与形成腹痛的源头联系起来。

其实腹痛感是发生在她与这位特殊的上级交流的过程中的，坎迪斯的身体和思想一直在向她暗示，工作出现了冲突，而这样的冲突总是让她感到很难受。

当我们完成了催眠治疗后，坎迪斯感觉轻松了很多，知道自己需要做的事情只是把工作中的冲突调整好，为自己所扮演的角色找回平衡。当她再次回到工作中，尝试着与领导沟通协调，改变现状，之前的痛苦便烟消云散了。

我们的身体能够准确地反映出情绪和内心的不安。学会观察身体的状况，会引导你更好地了解当前的处境。当我们处于正确的人生轨道上，身体也会有良好的反应。我总会鼓励我的来访者，仔细观察他们身体的每个部分，问问自己发生了什么事。让他们弄清楚，自己需要从疼痛、不适甚至于疾病中了解到什么。

几年前，如果让我这样做，我会觉得自己是个奇葩。比如让我问问自己，为什么每次面对继母时，我的后背就会紧绷起来？但如果真的这么做，“它”所告诉你的故事，绝对会让你大吃一惊。

告别年少无知的时代，我感觉到身体的每个细胞都是鲜活的，都是有智慧的个体，承载着许多信息。所以，我们为什么要对这些支撑着健康幸福的重要信息来源视而不见呢？

“聆听”身体的声音时，非常重要的一点是，必须保持客观。不要对自己的感觉加以判断，最重要的是，不要让自己陷入恐惧中，不要想象各种各样的坏事会发生在自己身上。

只要把手放在感到不适的部位，或者想象一下自己正在触摸那个部位，然后深呼吸，闭上眼睛，问问自己这疼痛感或不适的感觉意味着什么。

不要去考虑任何的想法或情绪，只是静听内心的声音，你会惊讶于你的身体“告诉”你的东西！通常，你会了解到每一个让自己感到痛苦、不适的事情或情绪状态。

观察是改变生活的第二大支柱。在想法产生时，如果你能够想起去观察它，观察那些正在发生的事情，并观察身体的感觉，就能够让自己从不必要的矛盾、痛苦和不安中解脱。否则，你将继续困在痛苦的深渊，无法自拔。每天练习观察，有一天你会突然发现，自己的心中已经长出了新的羽翼，它们将会带你飞向崭新的未来。

第 8 章

支柱三：选择

与生俱来的权利

"你想不想这样做？" 这是个最值得探讨的问题，而且我们无需用言语回答它，这无声的回答似乎是我们最神奇的器官与事物本质的交流方式，多奇妙啊！

——威廉·詹姆斯，《心理学原理》

作为内心想法的观察者，我们可以判断出，固有思维和信念对我们有益还是有害。如果判定某个思维模式会阻碍我们过上理想的生活，那么就要进行人生改造的下一个步骤，即进行选择。这是成长的关键点，它能使我们感觉到生命充满无限的可能性。拥有选择的权利，使得我们可以摒弃那些阻碍在成功之路的固有思维、信念和自以为是的态度。下意识地从陈旧的思维模式中解脱，取而代之的是可以给生活带来和谐与成功的新思维模式，这种模式能够将自己内心最富创造性的一面呈现出来。

自由选择：最神圣的礼物

自由选择是造物主赋予我们的神圣礼物，这是我们与生俱来的权利。我们用意识创造自己的人生，而选择就是我们最重要，也是最强大的工具。每个人都可以自由选择，自己要思考什么、如何思考、如何处事、想成为什么样的人以及如何成为理想中的那个自己。

我们在生命中所做出的每一个选择，无论大小，最终都会转化成生活的一部分。我们生命的每一个时刻都离不开选择，每个人的思考或行为方式都不是一成不变的。

我们对自己和他人的看法和感觉以及自己的行为方式，都是由生活中千千万万个看似微不足道的选择所决定的。你在每一天、每一周甚至每个月所做出的每一个选择，都会变成你的未来。

大脑对过去的经历进行加工后产生的看法，以及依据过去的经验所做出的选择，最终都会演变成一个个属于我们自己的人生故事。

两个人面对同一件事，其看法可能完全不同，而且对事件所造成的影响也有不同的观点。为什么会这样？原因就是他们选择从不同的角度去看待。比如两个男孩和母亲都在一辆抛锚的车里，这辆车刚好停在火车轨道上，而且有辆火车正在向他们驶来。一位好心人见状，迅速跑过去，就在火车即将撞上汽车之前，把男孩们和母亲救了出来，真是千钧一发。哥哥只注意到这位陌生人的仁慈，觉得总算有惊无险了，并且对获救心存感激。弟弟则关注于那个惊险的时刻，脑海里全是火车快速冲向汽车，并可能把他们全都撞死的画面，他沉浸在对两车相撞的恐惧中，对突如其来的危险感到非常害怕和无助。

这两种不同的关注角度无疑对两个男孩产生了不同的影响，进而使他们形成了不同的观念体系。这件事留在他们心中的画面，会继续影响他们的内心对新经历、新事情的看待方式，而且这种影响会持续很多年。

小孩通常没有成熟的认知技能，他们自身无法把注意力从消极的角度转向积极的角度。然而，成年人却有能力选择关注的角度，他们可以选择关注陌生人的善良，还是关注这个世界上各种各样的危险。身为父母，我们可以引导孩子建立积极的思维模式和培养乐观的人生态度。

你会看到，意识以及我们的选择策略是怎样彻底改变我们的生活的。值得注意的是，我们通常每天会在无意识的情况下做出成千上万个选择。

意识创造者会帮你做出最佳选择

当你希望生活有所改变时，很重要的一点就是要学会有意识地去做选择，以放大灵魂的伟大特质，并引导我们过上理想的生活。

隐藏在每个灵魂下的都是一个更聪明、更优秀的自己。这个内在的自己，有时候被称为“意识创造者”，这和我们用于观察的那个“意识体”是一样的。我所说的意识创造者、观察者以及灵魂，指的都是同一样东西。

那么如何运用选择这一支柱给生活带来变化呢？首先，你要对当前有一个清醒的认识。每时每刻，都应该让那个意识创造者来掌控人生，不能放任固有思维自由发挥。我们不能受困于一成不变、反复循环的固有思维模式中。当你开始通过意识创造者的深思熟虑进行选择，你会立刻感觉到：你自由了，内心有了更多的空间，也更加平和。究其原因，每天充斥在思想中的很多想法就像碎片，对我们毫无益处。如果让这些多余的想法堆积在脑海中，我们就会不停地选择去遵循它们。

想象自己是一位大师级的画家，要画一幅美丽的油画。但每当静下心来开始作画时，就有一股强风袭来，让油画沾满泥土，它还会制造一种低沉的声响，使你根本无法静下心来。强风把你的注意力从创作中引开，转向它的破坏力和对它的恐惧上。这样的情景让人看起来很不愉快或很沮丧，不过这就是在生活的大部分时间里大多数人所处的思维状态。

我们的意识创造者刚静下心来，或刚要开始创造新的美妙的东西时，内心的飓风骤起，让脑海中塞满无用的碎片，把注意力从创造中转移开，强迫我们注意心中的恐惧、不安和自我挫败的想法。

如果不断被固有思维模式控制，我们就无法进入意识创造模式。消极的思维模式让我们创造出内心自我的最糟糕的一面，这一面总是用消极的过去规划未来。内心的自我选择让过去不断地产生影响，让我们认为如果没有过去，自我就会消亡。

我们经常在其他人身上看到这样一种现象，他们总认为自己是受害者。他们内心的自我在依靠源源不断的消极思想和思维模式，不停被重塑。如果不再一次次勾起这种认为自己曾是受害者的想法，自我便不复存在。人们成为痛苦生活的奴隶，通常是因为他们不了解深思熟虑地做出选择所产生的力量。

心灵解码

真实的自己不等于内心的那个自己

娜塔莉是一位非常成功的女性。她获得了硕士学位，在一所小有名气的大学教生物学。整个教学生涯中，她多次获得优秀奖。虽然在学术方面颇有成就，但她一直不开心，一直在抱怨自己与其他家庭成员矛盾重重。

在第一次治疗中，娜塔莉向我讲述了她的故事，她说起了曾经好几次与不同的亲戚发生的争执。这些争执的共同点就是，无论对方是谁，她总是矛盾发起者。那时，她与母亲闹得很僵。她觉得在她四岁时父母离异，妈妈没有给她足够的关怀。她还对兄弟姐妹很不友好。她认为在青少年时期，兄弟姐妹们都待她不好。

不过娜塔莉对父亲的看法倒很积极。虽然小时候，父亲经常不在身边，也有不良嗜好，父亲的一些丑陋的行为也被她撞见过。虽然清楚地知道父亲有那么多明显的缺点，但她还是最喜欢父亲。原因就在于父亲总是毫不吝啬地夸奖她。父亲会说她有多么才华横溢，并认为她比其他某些兄弟姐妹更成功。父亲还会告诉她，在兄弟姐妹之中，就只有娜塔莉有能力在任何行业中身居要职。

从我们的交谈中，有一点已经很清晰，那就是娜塔莉的母亲和兄弟姐妹的沟通方式更为诚实。他们的评论经常很直率，而且一针见血。他们认为有必要提出来的问题，总是会很直接地提出，而不会加以修饰。结果，仅仅因为一些日常交流，就能引发持久不断的争执。

很明显，娜塔莉在与他人意见有分歧时，会立刻产生自我辩护的防御机制，只是她自己没有发现。通常情况下，她会认为兄弟姐妹们有恶意，认为他们冷酷，不善解人意，自己所经历的每一件不好的事情，都是因为其中一位家人引起的，或者是缺少家人的帮助所导致的。

基于娜塔莉自己的描述，我可以看出，事实上这么多年来发生在她身上的事情，不过是普通的兄弟姐妹之间的意见分歧，可她都无法解决。究其原因是她的内心已建立起的人生观和价值观，让她不可能感到幸福。潜意识里带有的这种思维体系向她暗示，自己必须是完美的，必须被爱护。这种观念创造了她的错误的自我。这个自我建立了一套非常严格的规则，那就是每个人必须保证自己做的每件事、说过的每句话都是完美的。

娜塔莉的这条价值观被放在了至关重要的位置。很显然，这条最核心的价值观，致使她毁掉了一段又一段重要的人际关系，甚至包括直属亲戚关系。家庭成员之间经常会有意见相悖的时候，一旦娜塔莉与家庭成员意见不合，她就会极端地与家人断绝关系。她总认为自己是对的，总喜欢别人夸她是完美的，这对于娜塔莉而言更为重要，她并不太在意那些在普通家庭关系中所出现的正常的是非标准的评价，或对付出与收获的权衡。

不幸的是，娜塔莉没有坚持治疗。她完全拒绝诚实地观察自己，拒绝重新审视那些让她产生不正确观念和价值观的选择，这使她无法取得任何进步。害怕自己不被喜爱的恐惧心理已经根深蒂固，使她创造了一个可怕的自我，只有迫切地将这个自我放在核心的位置，她才会感到高兴。尽管这给她带来了巨大的痛苦和孤独感，使她不断和他人产生矛盾，但是那个可怕的自我顽强地活了下来。在长期的斗争中，它又赢了，这使她逃避了内心真实的自己，而选择了另一条路。

一些简单的新选择可以改变娜塔莉的人生。比如她可以选择原谅家人的不完美，选择承认自己在家庭互动交流中扮演的角色，选择允许其他人拥有自己的观点或立场，而并非一定要别人承认她是对的。这些简单的选择会产生重大的转变，让她得以在重要的人际关系中，感受到渴望已久的喜悦。做出不同的选择，还能够让她逃离那支离破碎的自我的魔掌，使她灵魂中的美好品质再次绽放光芒。

当我们过度地把真实的自己等同于内心的那个自己，我们就会相信自己就是内心所想的那样。自我的任何一部分都是由你的心理活动创造出来的，但这不是说每一部分都是有害的。每个人都有一个自我，但当我们在内心中创造了自我，对最本质的真我进行掌控，代替真我做最重要的那些选择时，我们往往会以痛苦告终。我本人所采用的一种最重要的祈求和积极暗示的方式，就是要求自我与灵魂始终统一。

当我发现自己过度恐惧、担忧或异于寻常地去自卫或愤怒时，我就会去看看真我。我会诚实地面对自己，并观察当时的想法和感觉。这个习惯帮助我重新做出更好的选择，不会让我感到悲伤与不安，反而会让我更加平静而顺畅地走向成功。这些自我改变的步骤会引导人生选择的每一步，这非常重要。想要改善生活，人们就要以谦逊的态度做真正的、长久的改变。

不是所有的事情都与你有关

读到这里，也许你会感觉生活无比艰辛，你已经历了超出常人的痛苦，或者忍受过身边的人做出的令人讨厌的行为。你也许会觉得自己的遭遇是任何人都无法承受的，你正在为自己的消极情绪寻找正当的理由。其实你可以选择放下，并从令你痛苦的遭遇中走出来，而不用感到消极悲观。我敢打赌，一切都会有所改变。许多人已经用这一支柱战胜了看似不可能战胜的困难，而且也在慢慢变得更好。

当人们决定克服困难时，他是不会被击垮的。世界上每天都有人在面对巨大的损失、压迫、虐待、悲伤和被冷落，他们之所以能从困境中站起来，就是利用了内心无人能挡的强大力量。

每一位克服了难以形容的挫折的人，都经历过清醒的选择，使自己变得比那些困难或者制造困难的敌人更加强大。像他们那样，无论遇到什么事情，都能选择正确看待，你就能将过去抛诸脑后，永远地解脱。这种力量其实源自于自己的选择。

你也可以任意地选择自己的思维，如果你选择了积极的、鼓舞人心的思维，那么这些思维将开始以神奇的方式改变你的生活。然而，如果你继续选择固有的思维、观念和自以为是的态度，生活就不会发生任何改变。

对一段人际关系最大的威胁，往往是人们总倾向于将其他人的行为个人化。这种现象在最亲密的关系中较为常见，不过也会出现在职业关系中以及与萍水相逢的人的交往中，根据情感脆弱程度不同，有的人经常会觉得自己被冒犯或被他人无礼的行为扰乱了心智。

那些将他人的行为个人化的人，也最容易伤心、挫败、压抑和自卑。某个人说了什么话或做了什么事，他们都会认为是针对自己的，这就激起了他们内心的自卫意识，他们会试图保护自己脆弱的一面，而这脆弱的一面皆源自于他们的心理情结，也就是总认为自己不够好，或者自身有问题。这种情结使人们选择做出一些不可取的行为。

当人们说出一些伤人的话或做出一些伤人的事情，他们更多的是在针对自己，而不是针对我们。我花了很长时间才领悟狄巴克·乔布拉的教导，他始终坚持并不断重申这样一个真理：在自我意识的指导下，每个人都在尽力做到最好。当然，很多时候人们也会表现得粗暴、麻木、不友善、不耐烦或者不宽容，但如果我们能够懂得他们的行为只是受到自我意识的影响，而与我们无关，那该是多么让人释怀的事啊。

狄巴克还教导我们，当自己不再受谄媚或批评的影响时，就真正的自由了。根据他人的观点和评价来塑造自己或者贬低自己，我们会永远处于混乱中，而无法发现真正的自己，也就找不到自己的中心。选择不受他人的评价和看法的影响，将给我们的内心带来前所未有的力量。

每一天你都可以自由解读这个世界

你每天做出的选择，可能会让你感到光明和愉悦，或者悲伤和忧郁。面对以下列出的这些选项，你会做出什么样的选择呢？

可以选择带着怨恨过一辈子，也可以选择原谅。

可以选择每天都关注失去了什么，也可以选择每天醒来的时候细数自己的幸福。

可以选择不断地为你的不悦寻找买单的对象，也可以选择为自己的感受负责。

可以选择批评身边的人，并不断地挑出他们的错误贬低他们，也可以选择用无条件的爱为他们创造成长的空间。

可以选择每天注意自己不完美的地方，这样就永远感觉不到自己很好。也可以选择对自己的肤色很满意，承认优势并意识到没有什么人是完美的。

可以选择让某人跨越你的私人界限，并对此感到憎恨。也可以选择和他真诚、直接地讲明自己的私人界限，并以拥有这些界限为荣。

可以选择继续让自己的精神、身体或感情饱受折磨，也可以选择离开。

可以选择继续相信自己不够好，不能实现伟大的梦想，也可以选择制订行动计划，并开始实施。

可以选择给自己设限，也可以选择突破自己设下的限制。

可以选择终日惶恐不安，害怕遭遇不测，这样就不会采取任何决定性的行动。也可以选择向前迈进，相信上帝和宇宙会始终支持你。

可以选择专注于那些让你偷懒的理由和借口，也可以选择脚踏实地前进，以获得想要的结果。

可以选择让固有思维模式成为理想道路的障碍，让每次尝试都变成徒劳。也可以选择紧跟生活变化的潮流，努力适应并迅速成长。

可以选择不断重复讲述同一个故事，也可以结束陈旧的故事，开始重新编写生活的新篇章。

可以选择让恐惧毁掉生活，也可以选择用爱的力量勇敢面对生活。

有什么样的选择，就有什么样的人生

生命中的每个时刻都会面临选择，下面的练习是为了让你意识到选择在生活中的影响力。它能帮你了解这个始终存在的过程，让你开始更有意识地运用这个过程，为你创造崭新的未来。在一天即将结束时，对发生的事情进行回顾，并做这个练习。

问问自己“我现在所选择的，是什么样的想法”？然后写下七个你当天印象最深刻的想法，不管它们是什么，也不论它们在脑海中浮现了多少次，只要在脑海中浮现，你就会做出选择。

1.____________________

2.____________________

3.____________________

4.____________________

5.____________________

6.____________________

7.____________________

然后，写下今天选择做了的七件事。哪怕这些事情很简单，比如聊天或小憩。甚至什么也不做，这也是一种选择。如果选择了不去做那些你需要做或想要做的事，也要写下来，并注明原因。

1.________________________________

2.________________________________

3.________________________________

4.________________________________

5.________________________________

6.________________________________

7.________________________________

现在，请思考一下选择的影响力。看看你记录的那两份清单，在你选择的每个想法和行为旁边，依据自己的判断，写下“积极”“消极”或“中性”。

积极的选择意味着那个想法或行为会让你拥有更好的人生，包括拥有良好的人际关系、健康、事业等。消极的选择意味着那个想法或行为会降低生活各方面的质量。

中性表示还可以接受，这可能意味着它是维持生活所必要的，也可能意味着你有“安于现状、过得去就好”的想法。每天审视一下自己做出的选择，这样在改变生活的过程中，就能发现自己的可改进之处。

在此刻和下一刻，你会选择什么样的思维、想法或行为，从而使自己过上更高质量的生活？你会不会确信这个能力正是你所需要的，并选择有意识地通过选择创造新的东西？还是继续盲目地走下去，让固有思维把你变得麻木，使你像从前那样原地踏步？

你可以选择通过什么样的思维与行动，来使自己的生活经历不断改变。接下来的七个选项，将向你展示选择的威力。

写下你将执行的七个明显不同的、全新的和改善后的选择，可以是思维观念的选择，也可以是行为的选择。

1.______________________________

2.______________________________

3.______________________________

4.______________________________

5.______________________________

6.______________________________

7.______________________________

不同的选择让每个人的人生都不一样。我们选择关注的东西以及选择做的事情，造就了不一样的我们。选择造就了人生。

我常教给人们的另一个非常有用的方法，就是效仿成功人士，即你理想中的那些人或正在做着理想中事情的人。如果你总希望自己健康而且身材苗条，那就找出健康、身材苗条的人，看看他们做了什么事。他们在饮食、睡眠和运动方面有什么习惯？他们的人生观是怎样的？将这些东西找出来，然后选择开始做他们正在做的事。

如果你想成为一名成功的销售员，那就要和更多成功的销售员交流，体会他们的人生观。他们每天工作多少小时？什么时候是销售的黄金时段？他们发现哪些销售技巧是最有效的？他们发现什么是浪费时间的？尽可能获取全部有用的信息，然后为自己选择一些有效的做法。

选择结识你想成为的那个人，能够加速你人生的改变。看看你的周围，注意观察同龄人，考虑所有对他们性格的塑造产生影响的因素。经常观察和你在一起的那群人，看他们是否拥有你所向往的性格、品质和生活方式。

在你渴望对人生进行大改造，并实现自我成长的过程中，你不需要完全复制他人的一切。我们并不是完全靠自己生存。我们需要交流、回馈以及他人的支持。与他人联系是人类最本质的需求。

完成这个发现的过程，写下所学到的东西，给你的行动制订详细的计划，让自己处于一种不同的意识状态中，尽量多地沉浸在成就感与喜悦中，哪怕这种成功和喜悦的感觉不属于自己，你也会感受到更多的喜悦和成就感。

我们的选择决定了我们的生活，胜利和成功只能通过选择的力量进入生活。停下来的时候，请经常问自己："我是否有意识地选择那么做，使我成为了最好的自己，过上我最为理想的生活？"

选择是人生改造的第三大支柱。

下一刻、明天或是下一个星期你会选择什么？

第 9 章

支柱四：承担责任

于不确定中创造无限可能

伟大的价值在于完成责任。

——温斯顿·丘吉尔

第四大支柱责任，就好像一块坚固的基石，它是你实现人生转变的一个基本要素。一个人想要获得成功，需要具备各种各样的内在修养和品质，而责任会为你架设一座通往这些美德的桥梁，让你成为生活的工程师。

回想一下你人生中第一次为某事承担责任的情景，也许是妈妈第一次告诉你，放学以后你要独自走路回家；也许是你第一次坐公交车，或者是第一次在没有父母指引的情况下骑自行车；也有可能是父母叫你照顾弟弟妹妹。如果你能唤起类似的回忆，你可以试着认真感受第一次承担责任时的心境。

继续回顾你的人生历程：随着你越来越成熟，你承担的责任也会越来越重大。回想一下你第一次完全独立负责某件事时的情景，也许是你第一次独立完成了一个调研项目；也许是你独自一人很好地完成了照顾小孩的任务；也许是当其他人都袖手旁观，只有你挺身而出，勇敢地制止了一场争斗。无论你拥有哪种经历，你都可以在回忆时体会那种有所为的成就感，体会那种人格魅力以及承担责任所带来的满足感。

当我们自愿为某些重要事情承担责任时，我们通常会把这些经历与自由、独立等感觉联系在一起。此时，我们体会到的是一种满足感。这是因为当我们意识到可以掌控自己的生活时，心中就会油然而生一种权威感。如果我们有越来越多的机会证明自己的洞察力，并越来越多地利用这种能力，我们的责任感和拥有感也会随之增强。

谁在把握你的方向盘？

在当今流行文化的背景下，似乎某些领域并不那么注重责任。大家只要打开电视机，就会看到某个好莱坞天后在就某个新闻事件发表自己的免责声明。这些人往往表现得似乎被自己的行为所带来的后果吓坏了，事实是他们明明应该自食其果，却总想表现得与之毫不相干。

当今美国社会的另一个责任危机问题来自于包括年轻人、健康人（通常是男性）在内的流浪群体，他们中的一些人完全不想为自己的衣食住行承担任何责任。几年前，在我生活的那个大城市，这个特殊群体曾经完全侵占了我们大学周围的老式街道。当一些年轻人安定地生活、努力接受教育时，另一些年轻人却整天无所事事。

如今这样的现象并不少见，在我所生活的城市尤为严重。这些流浪者不会彬彬有礼地伸出手请求帮助，而是公然向他人索要钱财，如果遭到拒绝就会变得愤怒、粗暴。也许你在你所生活的城市也见过类似的事情。

之所以会这样，是因为他们把自己生存的责任转移到了陌生人身上。这就是为什么当他们的要求得不到满足时，会变得如此粗暴。如果一个人对自己的生活毫无责任感，那他（她）的心中就很容易充满敌意、怨恨和恐惧。当他（她）把原本属于自己的责任强加于别人却遭到拒绝时，就会产生大量的负面情绪，甚至一度失控。

不只是名人和流浪者，所有缺乏责任感的人，他们的大脑中都会有这样几条信念：

“责任让我感觉很沉重。”

“责任剥夺了我的自由。”

“责任阻止我做我想做的事。”

以上这些所谓的信念是荒谬的。事实上，遵守纪律和承担责任可以为你开启任何一扇生活之门，此时的一切都在你的掌控之中。只要把握住生命的方向盘，你就可以按照自己的意愿，驶向任何方向，到达任何目的地。

想象你坐上了一辆汽车，但你并不知道自己应该去往何方。这时你本可以打开地图，认真研究所有可去的地方，并在脑海里勾勒出一场激动人心的旅行，然后全速前进，最终抵达目的地。但你没有这样做，而是让其他人帮你决定该去哪里，怎样到达那里，然后让他们夺去你司机的位置。

这本该是一场你自己精心策划的难忘之旅，而你却默默地将它舍弃，这会给你带来什么后果呢？当你意识到为你开车的司机根本不知道这次旅行对你来说有多么重要，不知道该去什么地方，也不知道怎样才能到达你梦想的目的地时，你该有多后悔？很可能这个司机在为你选择路线时缺乏方向感，并且从一开始就带着些许漠不关心。他之所以为你开车只是因为你“授权”给他，而并非出于对这次旅行的热情。

在这场由他人掌握方向盘的旅行中，你会发现你被引领到了困难重重的道路上。你的司机会让你在坑坑洼洼中颠簸，会为了躲避风险突然来个急转弯。你一路跌跌撞撞，一无所获。有时你还会觉得烦躁迷茫，因为你没有为这场本该精彩绝伦的旅行做任何贡献，只是以一个旁观者的身份参与进来，感觉枯燥又空虚。有时你又会觉得惶恐紧张，好像生活完全失控了。恐惧是理所当然的，毕竟，当你让其他人去操纵你的人生时，事情的结果你根本无法预料，你根本无法掌控自己的命运。

那么现在，重新设想这样一个难得的机会：你可以自己掌握方向盘，并来一场任意路线的旅行！这一次你要自己选择目的地、规划路线以及选择多久到达，你要精心地计划、寻找最棒的路线，用尽一切方法避免弯路和陷阱。你会在旅行中感到非常自信，因为一切都由你亲自掌控。面对挑战，你也会勇敢去应对，而不是无助地任由颠簸和危险降临。

如果我告诉你，这次旅行就是你的人生旅程，你会选择用哪种方式完成它？你会不会把责任推给别人，自己却做一个无助的乘客，任由各种人带领你到自己根本不想去的地方？你会不会抓住机会，用心策划属于自己的冒险旅程？这样你就可以自己做主去经历各种美好或者困境，进而让自己变得更好。由你自己把握的旅行会帮你发现自己的长处，并帮你确立人生的终极目标。

那么在生活中，是谁在把握你的方向盘呢？也许是溺爱你的父母，也许是虽然离异但仍旧抱怨不停的配偶，甚至有时根本不是某个人，它可能是疾病、伤残或者是影响你颇深的痛苦经历。通常，当我们经历一场可怕的疾病或痛苦的事件后，我们会沉浸其中无法自拔。当我们无法达到预期目标或完不成某项任务时，总会把这些人或事作为借口，而我们的人生也由此被他们掌控。

人生本就是一种挑战，而挑战和逆境恰恰给予了我们机会学习和成长。如果让挑战打败我们，从而影响我们的人生，那就好像在说："我放弃了，你赢了，可恶的挑战。"有时我们没有意识到，困难和挑战其实可以让我们变得更强大、更优秀，相反，遇到这样的情况时，我们会退缩，会对那些糟糕的人或事说："你真的让我受够了，我没有办法了，你就这样影响我一辈子吧。"

但我要说的是，请千万不要退缩，尤其当你正在经历挑战时。记住，这是你成长改变的绝佳机会，请抓住机会成为最好的自己！

经历挑战后，勇于夺回人生的主动权至关重要。不管你经历了怎样的艰难困苦，重新坚定地承担起人生责任会帮助你克服之后的各种逆境，走向成功。逆境和挑战意味着成长和升华。

如果你每天都坚定地承担起人生责任，那么任何事都无法影响和破坏你的人生。你永远都是自己人生的主人，掌控着自己人生的方向。

放弃责任的同时，也放弃了自我的掌控权

我们曾多少次为某件事寻找借口或把责任推到其他人和事上？每当我们以为是他人在掌控我们的人生时，我们心中会涌现

失控感。为人生中的每一件事充分负责会给我们带来力量和安全感。当我们不再埋怨他人或找借口时，会发现很多问题都奇迹般地迎刃而解。

为人生中的每一件事负责，为我们的目标负责，这会不断地促使我们转移注意力。这种转换会帮助我们找到解决问题的方法并制订新的计划，向着既定目标不断前进。正如我们前面所说，大脑是无比强大而复杂的，当我们埋怨他人或寻找借口时，就意味着我们亲自屏蔽了自己的才能和智慧。

埋怨和寻找借口会使大脑认为："我没有能力解决这个问题，应该由别人来帮我解决。"这种推脱责任的思维模式会逐渐削弱你的创造力和执行力。但如果你用积极主动的心态去面对人生中的各种情况，你就会感受到掌控人生的力量，并且认为：

我会找到解决问题的方法。

我会找到这个问题的根源，然后继续前行。

我会发动自身内在的力量和创造力，并且积极获取各种资源来帮助我解决问题。

我会主动开创自己的人生，不会盲从他人。

我坚信上帝和宇宙有着无穷而神圣的力量，它们会鼓舞我走好人生道路的每一步。

为什么那么多人无法承担人生的责任？那些推脱责任的人在某种程度上觉得这样可以免于承担后果。这绝对是自欺欺人，因为真正会受到这些后果影响的人是他自己。

承担人生的责任需要胆量和果断的行动，有时还要经受挫折、付出代价。有些人觉得，把自己的人生责任转移给其他人和事，会比自己承担更容易。如果你也忍不住这样想，那么我想告诉你的是，这种所谓的容易只是暂时的，这样做只会让你感觉生活更加失控。

没有一个内心充满平静、快乐并且取得成功的人，会让自己的生活处于失控状态。无论要付出多大的勇气和决心，我们一定要夺回人生的主动权，承担所有的人生责任，这是我们唯一可以拥抱幸福和成功的方法。

在任何领域，放弃责任都意味着允许他人来决定你的人生，也意味着放弃掌控自己人生的权利。这种掌控权属于每个人，它是祖先留给我们的神圣礼物。按照上帝的旨意，你人生的掌控权只属于一个人，就是你自己。捍卫自己掌控权的方法就是学会依靠自己内在的智慧和力量，而非外力。你是唯一可以充分利用自己才华和创造力的人，如果你不停地在外部世界寻找意义、目标和充实感，那么你将一无所获，你自己才是唯一被授权谱写华丽人生篇章的作家。

在不确定中创造无限可能

我发现人们之所以不敢承担人生责任，其中最重要的原因是生活本身千变万化。每个人在内心深处都渴望确定性，我们都需要确定自己有人关爱、供给充足、有固定住所。这些是我们最原始、最基本、最普遍的需求。有些人对于确定性的需求更加强烈，有些人则相对较弱。

但从生理学的角度来讲，人类最原始的大脑结构就是为了指挥人们警惕生存环境的变化。这种遗传特质保证了人类生存的安全性，尤其在远古时代，这一功能尤为重要，它可以注意到天气的变化、攻击性动物的叫声，正因为如此，我们才可以在这个星球上生存。

人类的生存状态在不断变化升级，虽然最原始的大脑结构依然被留存了下来，但随着意识的发展，人类也在不断地进化。然而绝对的确定性仅仅是一种幻想，世界上唯一确定的东西就是变化。

有些人为此感到忧伤，他们对于确定性的追求如此强烈，以至想尽一切办法让事情变得可以预知，即使预知到的情况很糟糕，但至少可以提前知道需要面对什么。这往往使得他们更容易推卸本属于自己的人生责任。

人生需要千变万化。人生的千变万化为不停学习、成长和创造提供了无限可能。如果没有变化，一切都会在静止中腐坏。如果生活的真谛犹如一条不停流淌的小河，你会发现有很多机会和选择流向你，而你有责任决定是抓住还是继续等待其他机会。

当然，除了机会，也会有困难和挑战流向你，这时你同样有责任决定是让这些困难阻止你前行，还是欣然接受它们，并利用它们让自己变得更强大。每当你接受改变并为它的存在承担责任时，你的意识水平和学习能力都会得到提升。

我建议你每天为自己进行一次小小的祈祷或鼓励，就像下面这样：

万能的上帝，请让我抓住上天赐予我的每一个成长学习的机会，请让我认识到这个千变万化的世界中无限的可能。我希望自己对生活的各种可能性保持清醒，为等待着我的惊喜做好准备！我希望自己在不断变化的世界中保持活力，伴着美妙动人的人生乐曲翩翩起舞！我要释放所有对于改变的恐惧，亲切拥抱所有美妙的改变，拥抱人生中所有的新起点！

很多来访者会把他们的不快乐和不成功归咎于周围的人。他们会说“在与他恋爱的过程中，我很不快乐，因为他刻薄又不体贴”或“我的业绩很差，都是因为他不配合我的工作，导致问题没有得到很好的解决”。人与人的关系中充满了这样的分歧和纠葛，而最有效的解决办法就是建立自己的人际交往原则，并且不允许他人越界。下面这些建议可以让你建立良好的人际交往原则：

第一，制定具体、合理的人际交往原则，并把它们记录下来，如“我无法忍受朋友严厉的责备”“我不会在缺少依据的情况下与同事争辩”。

第二，制定应对他人越界的具体方法，并把它们记录下来。这些方法可以很简单，比如当你的朋友严厉责备你时，你可以对他说：“对不起，我无法接受别人用这种方式跟我讲话。如果你想合理地解决这件事，请你平静下来后，再来与我探讨。”然后立刻转身离开，不要和他纠缠，让他主动去找你，并诚恳地与你探讨解决问题的办法。当你这样做时，他就会很清楚你的交往原则，也懂得如何尊重你的原则。

如果在工作方面，你与同事的意见不一致，你可以这样说：“对不起，我认为浪费宝贵的时间争论不休没有任何意义，等我们找到有力的证据支持自己的观点时再继续讨论，这样做才能有实际进展。”同样的，这时你要平静而有风度地离开现场，这会让你的同事明白，今后你不会参与这样的争执，因为这对任何人都没有好处。

之所以要设置人际交往原则，是因为它们可以让你在与他人交往的过程中变得更为积极主动。同样，你也会更乐于与他人交往，而这也有利于你掌控自己的人生。

承担责任，掌控人生

下面是一个简单的练习，它可以帮你渐渐变得有责任意识。请认真填写下面的空白，看看曾经你推脱了哪些责任，并将其归咎于人。它会让你明白，你现在就可以着手解决或改善人生中的哪些问题。

1. ____

2. ____

3. ____

4. ____

5. ____

6. ____

7. ____

当你下定决心掌控自己的生活时，你的人生会变得非常丰富多彩，整个人也充满活力和热情。漫漫人生之路，我们就是要去经历、体会、成长！不要放弃自己对人生的掌控权，因为这个礼物是如此珍贵，如果我们不掌控自己的人生，怎能体会到热情和快乐呢？所以，拼尽全力活吧，用心创造各种经历，用永不间断的热情创造丰盈的人生。此外，承担责任还有助于你培养人生中最宝贵的美德，比如谦虚、勇气。有朝一日，你会发现最优秀的自己在创造最美好的人生。

第 10 章

支柱五：发挥想象

像孩童般无所畏惧

我相信想象的力量，我无法看到的要比能够看到的重要得多。

——杜安·麦可斯

现在我们一路来到实现人生转变的第五大支柱，这是一个充满乐趣的阶段。当你学会积极地利用想象力作为转变的支柱时，你会发现你的世界冲破了限制的壁垒，延伸到了无限的远方。

无论是过去还是将来，人格特质的形成很大程度来源于自身的想象。比如说，你觉得自己没有信心在众人面前演讲，那么你的脑海中可能会浮现自己讲得很糟糕，在众人面前出丑的样子。而如果你经常被男朋友或女朋友甩掉，你脑海中很可能事先就浮现出了分手的画面，因为你时常担心自己不够好，所以总是缺乏安全感。

如果你是游泳队、篮球队的明星队员或学校剧团的主演，那么很有可能你事先已经在脑海中将自己想象成了这样的角色。不管是成功者还是失败者，无论你是三好学生、小组领导、负责人，还是班级小丑，所有这些身份都源自于你对自身的想象。

如果你想进步，想获得更大的成功，或者想尝试一个新的具有挑战性的人生角色，那么你必须先明确设想出这个场景，全面认识你所追求的目标。你扮演的人生角色在现实生活中所经历的各种成功和失败，其实已经在你的想象中预演过。想象力作为人类思维的一部分，把各种颜色、味道、感受聚集排列起来，然后呈现在我们的现实生活中。然而大多数人并没有意识到，我们所处的情境其实就是自身心理预测的结果。

找回遗失的绚烂想象

孩子们的想象力永远是丰富绚烂的。在自由自在、无拘无束的幼年时期，他们会自由假想自己的身份、角色以及所处的场景，会大胆地把生活设想成一部戏剧，并充分地沉浸在自己选择的角色里，尽情地感受这部以自己为原型的戏剧所带来的愉悦感、胜利感。

孩子们在游戏中经常扮演的角色往往能反映出他们的心声。有些孩子会假装自己是拥有超能力的大英雄，勇敢地化解危机、拯救世界；有些孩子会扮演成世界上最厉害的篮球运动员或赛车手。我们每个人应该都见过，有些孩子会想象自己是美丽的公主或著名的歌手；有些孩子会扮演妈妈或医生，用自己的爱心温暖他人；还有些孩子会把自己想象成各种喜欢的动物：马儿、小狗、老虎、猩猩……

在孩童时代，我们会百分百相信自己，那时我们还没有接收到太多阻碍梦想实现的负面信息。虽然好心的成年人会提醒我们未来要面对很多困难和挫折，但这还没有成为我们大脑思维程序的一部分，我们还没有因为不够现实而被全盘否定，也没有因为自认为无所不能而惨遭打击和嘲讽，丰富的想象力为我们创造了无限的可能。

随着年龄的增长我们接收到越来越多的负面信息，自我怀疑的种子开始在心里生根发芽。为了融入社会，青年人往往开始收敛自我，尽量隐藏自己的才能和潜力，以免遭到同龄人以及那些好心家长们的拒绝和批判。家长们不相信自己能实现梦想，因此也不鼓励自己的孩子超越所谓的界限。他们认为，自己都不能确定的事不能让孩子去做，那会带给他们失望和挫败，所以，安全起见，还是应该教会他们如何面对现实……

大多数人都会经历这样一个过程：从一个认为自己无所不能的孩子，成长为一个怀疑自我、固步自封的成年人。孩子们会在想象中让自己身临险境并化险为夷，而成年人却选择不再理会内心的愿望，将自己的生活构建在由逻辑和各种理由编成的安全网中。不幸的是，指导我们绘制生活蓝图的潜意识总是和失败主义、消极思想和恐惧心理相伴。

指导我们生活的惯性思维模式经常提醒我们各种遭遇失败的可能，而我们所有的信念和行动都依赖于这些思维模式产生的想法，这些想法的存在使得我们无法发挥自身的潜能，所以，在这种情况下，让你相信自己能获得成功和快乐根本不可能。

大脑：过分热心的安全卫士

《小王子》一书的作者安东尼·德·圣埃克苏佩里说过："只有跟随自己的心才能看清世界。看不到的东西也有其存在的合理性与必要性。"想利用想象力，就要学会与自己的心交流。这需要花费一定的时间和精力，因为有些人太久不理会自己内心的感受，导致内心的声音太过微弱。不过不用担心内心的声音会永久消失，因为当我们决定敞开心扉，它就会变得越来越洪亮。倾听内心的声音会释放想象力，这会让我们开始感受生命的可能性。

大脑赋予了我们分析、组织、专注的能力，内心向我们展示了最清晰、最明智的人生方向。内心是孕育才能和灵魂的源泉，只要倾听它，我们就能够感受到上帝的力量和生存的意义。内心是我们的归宿，它可以塑造我们的过去和未来。

大脑就像一个过分热心的安全卫士，总是干涉内心的愿望，试图让我们躲避不可预知的风险，而内心的声音告诉我们要追随自己的愿望：希望拥有美好的事物、希望建立丰功伟业、希望不枉此生。正是心中最深切的渴望促使我们走向这个世界赐予我们的最理想的生活状态。

每个人的内心都有一种声音，它就像来自远方的火车，呼唤我们踏上伟大的冒险之旅。当大脑用责备的声音提醒我们前路艰险时，内心的声音则会给予我们勇气，打消我们的顾虑，鼓励我们坚持不懈地拼搏。每一次我们历经千辛，度过难关，到达新的高度，都是内心在为我们导航。

内心的声音是人类的精神引导，就像上帝为我们谱写的美妙歌曲。如果我们不敞开心扉倾听这源自内心想象的美妙歌曲，我们根本不能算真正地活过。可悲的是，大多数人从来没有真正地利用过想象力，因为这意味着他们要完全相信自己内心的声音，构建看似遥不可及的梦想。

很多在生活中长期迷失自我的人经常找我倾诉心中莫名的失落感。他们会告诉我自己失落的原因，并将自己的困境归咎于此。他们之所以向我寻求帮助，是因为他们已经无法忍受当前的生活状态，他们似乎过着自己根本不想要的生活。

想改变这种状况，首先要让内心强烈的渴望激发大脑的想象力，这样你才能大胆地创造理想的生活。让大脑发挥想象的功能是你改变人生最有力的资源，想象力会帮助你打破时空的限制，不断地改变你的人生。

让想象变成现实

怎样才算真正地运用想象力呢？怎样才能真正地让想象力激发梦想呢？想要实现理想人生远远不止运用想象力设定一个目标或者列出一个愿望清单。想象力可以帮你创设理想人生的情境或角色，让你的所有观感活跃起来，并充分感受其真实的存在。

催眠疗法可以为你所用，我常常在治疗过程中大量运用催眠中的意象引导，在帮助来访者进行情感梳理后，我会帮助他构建理想人生蓝图。首先，我会引导他放松，这样他的潜意识就会更为活跃。然后，我会指导他运用大脑中的各种图像、感觉来构建理想中的人生。

科学实验已经证明，无论是想象的还是真实的经历都会引起身体分泌相同的化学物质以及产生相应的生理反应。我们都有过这样的经历，有时候梦境会真实到让我们大声尖叫或者泪流满面地醒来，并且在醒来的那一刻很难分清刚刚的经历是发生在梦中还是真实世界。当我们想象自己在咬柠檬时，我们的舌头和嘴唇会体验到多汁、酸、湿润的感觉，就像真的在咬柠檬一样。

催眠疗法和意象引导就是在运用想象的力量帮你建立全新的人生。你的大脑如果经常能体会一段特殊经历带给你的感觉，那么它就会引导整个头脑或身体的化学物质进一步促进这段经历的形成。想象中的这段经历存储到头脑和身体的细胞记忆里，进而变成了现实。

如果你身边有催眠师来帮助你实现人生愿望，这当然很好，但如果没有也无关紧要，你完全可以自己借助意象来调动想象力，这对于孩子来说轻而易举。即使目前你无法非常自如地这样做，但我可以保证，只要你有意识地做，过不了多久想象力就会成为你最具创造力的朋友。

下面的意象练习会帮助你在想象中体验你希望真实发生的情景。这个练习可以应用在各种情况下，比如当你希望结交新朋友时，或者当你希望经历前所未有的重大人生改变时（新的职业或婚姻）。每天进行这样的情景可视化练习，直到你接受并习惯为止。

现在就按照你的意愿为自己的人生设计一个新剧本，它可以是工作上的、社交上的，甚至可以是你一直向往的冒险旅行。用笔将这个剧本的所有细节记录下来（不要用电脑），越详细越好。如果你渴望改变的是生活方式，而这需要较长的时间才能实现，那么你可以把可视化的对象分割成不同的小场景，每天分别练习。

例如，你想结婚，但还没有遇到合适的对象，那么你可以先设想这样一个场景：在对的时间、对的地点遇到对的人，你的眼神锁定他并且变得缠绵，接着你会看到你们两个人在一起热烈而自然地聊天，分别时你们依依不舍，彼此都觉得还有太多的话题想谈……

下一个场景可以是你们约会后双方都很满意，希望能经常在一起。然后某天你们互相承诺共度一生，之后是筹备婚礼、享受蜜月，然后第一次住进共同的家。

不管你的意象练习是关于小的改变还是重大的人生变革，你都要想象这个场景此时此刻正在发生，包括：

你看到了什么；

你听到了什么；

你闻到了什么；

你尝到了什么；

你的肢体有什么感觉；

你的情绪怎么样（比如自由，安心，充满爱意）；

环境怎么样；

你每天的日程是怎样的；

在你的剧本里谁是最重要的演员；

你和谁的关系最好；

各种人际关系如何相互影响；

你在剧本中的角色是否有创造力；

剧本的未来发展是怎样的；

当你对所设想的场景写得足够详细后，多阅读几遍，直到你对所有内容感到满意为止。然后坐下来，闭上眼睛，想象你走进电影院，观看这部你刚刚编写的剧本。

要让这部电影像在电影院放映一样生动地呈现在你的脑海中，包括颜色、气息、味道、感受等各种细节。想象自己坐在影院，观看大屏幕上的这部精彩电影，观看自己作为主角的出色表演。

尽情充分地运用自己的想象力。当你发挥想象力的时候，保持积极的情绪，你的大脑和身体就会建立更多的神经连接来协助你达到想要的结果。

当这部电影在你的脑海中放映完毕时，想象你走向大屏幕，打开中央大门，然后走进电影当中。这次你要真正成为电影的一部分，而不只是旁观。亲自去体会各种感觉，见证各种场景，闻到各种芳香，听见各种声音，品尝各种美食。置身于自编自导的人生电影当中，能够让你更加真实地感受你期待实现的情景。

观看并参与这部电影之后，你再利用想象将这些场景全部定格下来。想象你把巨大的屏幕缩小成一块美味的饼干，所有电影里的感官图像都被压缩成小片，想象这块饼干包含了能够激发改变的密码，可以带来你渴望的生活。然后你想象一下把这块饼干放入嘴中咀嚼，享受它的美味和酥脆，咽下之后你就吸收了它的精华，并让它成为你的一部分。

如果你的头脑中突然出现一个声音告诉你："算了吧，那都是假的。"不要担心，把消极的想法看成一条从你身边游过的鱼，不久它就会消失，认识到这样的消极想法来自于陈旧的消极思维模式就好。请不断重复"观看"你所期望的生活，这样新的积极的思维模式就会取代陈旧的消极思维模式。

新的思维模式代替旧的思维模式通常至少需要三十天时间。这项练习非常有效，它可以让大脑的想象力在多感官层面运行，在此过程中产生的感觉和想法会引起身体的某些变化，如同那些自发的消极想法会改变体内的化学物质一样，定向的积极想法也会以化学物质为载体融入你的血液，在你的大脑和身体里产生积极的影响。在快乐积极的化学物质的影响下产生的感觉和经历会成为大脑和身体细胞中的长久记忆，进而帮你实现理想的人生。

想象让你拥有不顾一切的勇气

著名的真人秀节目《美国偶像》中有很多画面展现了想象力的强大力量。来自各行各业的人们聚集到这里试镜，希望从默默无闻到一鸣惊人。他们为了晋级每周要出镜表演，还要接受评委的尖锐批判以及数百万电视观众的投票。

我非常喜爱这个节目，其中最吸引我的是选手们展现出的不屈不挠的精神。有的选手上一周（有时甚至是几分钟前）刚刚被臭名昭著的评委西蒙·考威尔公开恶言批判，这周仍不顾一切展示自己“独特”的歌声，这些出人意料的行为让我很受鼓舞。

他们在第一次来试镜之前，一定无数次地幻想自己成为新一代的美国偶像。不然，还有什么别的信念可以让他们如此坚定地去承受这样的压力和批判呢？他们的行为就像是对否定自己的人予以坚决的反抗。

这些每周来到舞台上表演的普通“革命者”用内心最原始的渴望和热情不断地创造一种认同，这些都让我对人类大脑的想象能力产生无比的崇敬之情。

参加试镜非常辛苦，选手们要排队等待，有时候甚至要排几天时间，吃饭睡觉都不敢离开，只希望能有机会得到几分钟的表演时间，希望三个困倦的、不耐烦的评委可以看到他们蓄势待发的潜质。

还有些人，比如《美国偶像》第一季中的热门选手孔庆祥（William Hung），虽然没有实际的才华，但他充满希望的精神和想象力彻底征服了美国人的心。我们总是会为这些人喝彩，并受到他们的感染，因为他们不顾旁人的看法，坚信自我，真正地在努力实现内心的渴望。

想象力到底有多神奇？今天我们享用的每一件发明、每一个科技成果都来自于某个人的想象力。这个人注意到了人们对于某些新奇、先进事物的需求，于是勇敢地让自己接触未知。想象力让我们有机会探索未知，并把未知变成熟知，从而找到解决问题的方法。然而并不是所有人都能把未知的东西变成现实。如果没有像比尔·盖茨、吉恩·耐德琪、马丁·路德·金这样的人做我们的向导，这个世界将会萧条成什么样子呢？

比尔·盖茨的梦想是让每个家庭、每个公司都拥有电脑，于是他创立了微软公司，致力于开发出用户友好型的程序语言。他的梦想对整个世界产生了巨大的影响。20 世纪 60 年代，很多女性苦于减肥无方，而吉恩·耐德琪想象如果能够把想减肥的女性聚集在一起，每周一次，大家相互鼓励，这样也许能更快更轻松地达到减肥目标。今天全世界无数人都在使用她的产品和服务。

马丁·路德·金利用他非凡的想象力，为这个世界提出了全新的震撼人心的观点。他勇敢地将自己关于平等的观点传播出去，这撼动了整个美国的意识形态，之后他又继续前行，颠覆了所有人有关平等概念的世界观。

这些人所拥有的品质你也同样拥有。千千万万的人做出了了不起的事，他们的共同点就是从不让恐惧阻挡自己追随内心的渴望，永远对自己的梦想充满希望。

你也可以与你的想象力建立一种新的关系。拿破仑·希尔说过："要珍惜自己的观点和梦想，因为他们是灵魂的产物，是完成人生终极任务的蓝图。"停下脚步聆听你内心深处的声音吧，你会发现无限的可能。

现在你完全可以开始一段充满想象力的旅程，带着不顾一切的勇气，将美好的梦想付诸现实。

第 11 章

支柱六：采取行动

做，就对了

仅仅知道是不够的，我们必须学会应用。只有想法是不够的，我们必须采取行动。

——约翰·沃尔夫冈·冯·歌德

现在我们来讨论转型的第六大支柱：采取行动。到目前为止，你已经对思维在各个层面上如何运作有了更为清晰的理解；知道了如何清理那些对你不再有用的陈旧的大脑程序；了解了为何真诚待己、细心观察、慎重选择和承担责任这几大支柱如此重要；明白了怎样发挥想象的力量，追随内心的声音。

当紧急情况发生时，你就可以立刻采取行动，因为规则就在那里，道理也很明晰，现在是时候行动起来了。我在前面说过："上帝创造人类的时候让我们拥有众多关节、肌肉和感知，一定是有原因的。"人生来不是为了保持静止，而是为了时刻行动。行动将情感、想象力与身体各部分协调起来，带我们进入和谐共生的美好生活。

然而，大多数人没有看到在人生旅程中采取果断正确的行动有多重要，反而希望所有事情都能以我们的想象和内心期待的样子自动出现。然而，事实证明，当内心为我们的人生旅程指明方向，想象为我们提供详细的蓝图时，只有行动才能使蓝图变成现实。

分析导致麻痹

采取行动是我们实现梦想的途径，是我们在现实生活中给梦想附上面貌和灵魂的方法。如果我们真的想实现梦想而非仅仅在想象中自娱自乐，就必须全身心地投入到一系列的行动中去。

采取行动对我们来说最具挑战。每个人都会时不时地陷入这种境况：知道自己想要什么，对此也有美好的憧憬，却不知如何采取正确的行动。

我们总是找不到实现梦想的具体途径，忙得团团转却没有任何实质性的进展。生活中有太多地方需要平衡，有太多挑战使我们的行为变得重复并且程序化。我们总是在解决眼前的突发问题，却忘记了抬头看一看前方的美好。我们总是陷入平庸的状态中，仅仅为了履行必要的责任。然而我们的梦想一直都在等待着转化为现实，等待着我们开始为它努力，等待着我们切实感受到它的存在并最终实现它。

心灵解码

困难重重的重组家庭

凯莉和史蒂夫来找我时，他们正深陷困境，他们的生活经历了一些意想不到的重大转变。史蒂夫与前妻结束痛苦的婚姻后不久就遇到了凯莉，经过一番考虑后，他终于决定开始约会，但他又不想将凯莉过多地放在心上，因为他需要很多时间疗伤并重新认识自己。凯莉是一位带着幼女的单身母亲，几经挣扎终于离开了让她饱受折磨的前夫。遇到史蒂夫时，她也希望将一切事情看淡些，因为她还没准备好承担比之前更多的责任。

随着他们的关系不断进展，在一起的时间越来越多，后来凯莉居然怀孕了（尽管服用了避孕药）。新生儿将要来到这个世界，他们必然要承担很多责任，没有做好准备就发生的事情让他们感到巨大的恐惧。他们带着复杂的心情住到了一起，尝试着为即将出生的孩子和凯莉现在的女儿创造一个稳定的家。

组建家庭不久后，他们的关系开始恶化。他们发现，在如何让家庭生活顺畅有序地展开这个问题上，两人无法达成一致，这导致他们生活中没有一件事情是顺畅有序的。凯莉认为史蒂夫完全意识不到保持家庭整洁和井然有序是多么重要，她对此非常不满，但又不知如何改变，因此她只能放任不管。她开始厌恶她的工作，作为一名总裁助理，她每天要给上司处理大小事，回家之后，还得面对各种混乱的场景：杂乱无章的房间，两个需要照顾的孩子，还有一个她并不确定是否该出现在这里的男人。她觉得史蒂夫跟她住在一起仅仅出于责任，而不是因为他真正爱她并希望与她共度此生。

史蒂夫完全被家里的境况压垮了。他当初决定和凯莉搬到一起住是出于责任。突如其来的压力让他无法适应，他并不确定自己有能力给凯莉长久的爱。这种被压垮的感觉占据了他整个身心，让他无法自拔。尽管他已经是当地最优秀的设计师之一，但似乎他的脚、舌头、思想都被浓稠的胶水粘住了，他理不清思路，也不愿意推进目前积压的大量工作，更为严重的是，面对业务，他完全没有当初那股热情，因此他即将面临收入迅速缩减的危机，更别提实现成为全国顶尖设计师的理想了。

突如其来的巨大改变以及无法掌控的情感矛盾，让史蒂夫和凯莉止步不前。有时行动需要提前拟定一个计划，而现在正是时候。

你是否听说过“分析导致麻痹”这句话？这对夫妇正以最糟糕的方式经历这样的过程。对彼此的感情以及关系的无休止分析，麻痹了两个曾经雄心勃勃、高效能干的人，使他们变得无所适从、效率低下。面对这种情况只有一种办法，那就是停止分析、采取行动。

咨询一开始，两人都同意将他们的关系暂时搁置一旁，这意味着我们无需强迫他们讨论这个问题，无需强调满足他们彼此的情感需求，给彼此一定的空间，并设定双方都能接受的、有利于他们互动的良好边界。之后就可以开始行动了。

我们做了一个详细的清单，上面列出了为使家庭生活更加顺畅有序所需要做的每件事。这非常重要，因为史蒂夫的工作就是在家里完成的，家中的混乱会直接影响他的工作，使他的工作无法步入正轨。列出这个单子是为了规避混乱，并为每一天设立系统性的任务，确保大家都按时做该做的事情，如洗衣服、打扫卫生等，从而不浪费额外的精力。我们想出了最简单、最高效的方法来完成家务，并且让两个人公平地分担。

由于史蒂夫是家庭经济的主要来源，他需要花更多时间专注于工作，而凯莉也需要自己的独立时间，以便孩子不在身边时完成家务。行动清单上她的第一项任务就是找一家有声望的看护中心，每天在特定几个小时中帮她照顾孩子，第二项任务是为史蒂夫列出他的潜在客户，每天打电话尝试为他寻找客户。

此外，行动清单还要求他们每天早上轮流到户外散步或慢跑半个小时。这样每个人都能通过晨练变得精力充沛，从而有更多能量实施计划好的行动。

采取行动的过程最初是痛苦的。行动之初，他们并不确信这会带来什么改变。最初他们做得并不熟练，但坚持几周后，他们都承认生活变得越来越轻松。

给彼此一定的空间有助于他们缓解关系当中的压力，积极的行动计划让他们的生活更加有序、轻松和快乐。他们坚持每周锻炼，工作也越来越有条不紊，他们的状态变得更好，自信心也快速提升。直到我写这本书时，他们仍然不知道应该在一起还是应该分开，但自从执行行动计划后，他们都觉得自己更有力量了，并且有更多的勇气去承担最终的结果。虽然采取行动会让他们感到困难和不自然，但这是他们突破恐惧的唯一途径。

固化我们的妖怪

艾萨克·牛顿爵士在描述自然法则的哲学著作中，谈到运动法则：“静止的物体趋于保持静止，运动的物体趋于保持运动。”当我们思考自己在自然界中的运动轨迹时，会发现这一哲学思想非常实用。

不管是为了摆脱人生困境，还是开始人生新篇章，行动都是我们把能量转化为运动的手段。我们困在原地无法前行，通常是因为我们把精力浪费在了分析阶段，各种念头在我们的头脑中打转，让我们感到沮丧无助，而这解决不了任何问题。如果我们像这样把精力全部用于思考，害怕和担心就会不断循环，时间久了，我们更不敢采取任何行动。

向前一步至少好于止步不前。就像史蒂夫和凯莉，有时你需要做的只是向前一步，哪怕只是迈出一小步。任何行动都会让事情向前推进，即使你每一次行动的结果都不完美，但至少你的船已经起航，接下来要做的只是调整你的航向。

如果不采取行动，只是不断地思考，你的梦想之船永远不会启航。生命中最大的突破就在于通过行动，一步一步迈进梦想的大门。

当我们看到成功人士时，自然希望像他们一样，并且心中会想："真希望我也能这么幸运。"然而这只是我们自我安慰时头脑产生的错觉。我们告诉自己有时只是缺少一点运气，这是造成我们生活不理想的原因。我们渴望上天的眷顾，希望它能让我们过得和其他人一样幸福。

事实是，我们和他们一样，都处在同一条生命的大河中。每一天，机会都会以人、资源和思想的方式从我们每个人面前流淌而过。已经拥有一切的人和一无所有的人，最大的区别是前者有能力抓住眼前的机会，认为自己不幸运的人通常不会想到，把握住生活中的小小机会并付诸行动就能转化为成功。

我们往往会憧憬美好的事物，我们也常常想象如果以某种新的方式生活会是什么感觉，如果实现了某些梦想，生活又会变得怎么样。然后在毫无预兆的情况下，一个小魔鬼就钻进了我们的意识，尽管有时我们不愿承认这一点。

这个魔鬼就像躲在床下的小幽灵，我们看不见它，也试着忽视它的存在，但内心深处的恐惧却四处蔓延。它就是被我们称作“害怕失败”的小魔鬼。它常常不期而至，哪怕我们只是想象自己成就一番大事时，它也会跳出来奚落、嘲笑我们。它总是用不同的话语恐吓我们，比如：“你以为你是谁？你为什么要尝试？你凭什么认为自己能成功？”

可笑的是，失败本身并不是什么魔鬼，魔鬼只存在于对失败的恐惧当中。事实上，失败是我们人生课堂中最好的老师，它让我们沉浸在学习当中，它带给我们的教训让我们永生难忘。

就像作家J.K.罗琳在哈佛大学毕业典礼中演讲的那样：“太过谨慎会让我们变得不敢尝试、不敢行动，生活中不可能不经历失败，除非你过分谨慎，而那样简直不能算是真正地活过，况且缺憾的生活本身就是失败，千万不要掉入这样的陷阱当中。”

重新做回行动的巨人

我们的人生道路并非一马平川，它更像是充满障碍的训练场。如果我们在某种程度上接受这样的现实，在面对人生中的丘壑、泥沼、流沙、峡谷甚至崇山峻岭时，就会更加释怀。如果你起初认为生活是一件很容易的事，当发现事实并非如此时，你会非常沮丧、不知所措。相反，如果你知道生活原本就充满挑战，那么每当你跨过一道障碍，就会感觉自己变得更加强大；每当你穿过一片泥沼地抵达对岸，就会对自己冲出困境的能力更加自信；每当你翻越一座矗立前方的高山，就会发现自己是多么势不可挡。

采取行动需要巨大的勇气，因为它要求我们克服恐惧和困难继续前行。经历考验时，如果不采取行动，我们就会错过发挥自己潜力的机会。有时生命中遇到的人会让我们失望，但这也是一种赠与，最重要的是问自己："我主动放弃行动的机会会不会让自己失望？"

是时候让你的生活动起来了！下面是一些简单有效的策略，它们可以让你开始将能量转化为行动。

准备一块愿景板，把你想做的事写在上面，还可以贴一些杂志图片，如汽车、房子、宠物、旅途风景、幸福情侣、成功商人或你的同行，可以加上一些服务组织或慈善组织的名称。把你的愿望用可视的形式呈现出来，并把它挂在你最常出现的地方。每天看着它会使你更有行动力。

写下你的目标。这可能在你看来是个过时的做法，但你的目标会为行动提供方向。如果你还不确定想要什么，那么你怎会知道该如何行动，又怎会知道什么样的机会是重要的？至少设定每月、每年、每五年的目标，并且在每周五或周六写下未来一周的短期目标。

在前一天晚上写下第二天的行动清单，按事情的优先顺序将其排好。

每天一早查看你的行动清单，想象自己完成每一项任务的情景。早上起来就开始按照行动清单行事。如果你早上的第一件事是不得不去工作，那么就把工作放在清单的第一位，然后根据你的时间安排其他行动。

计划制订得越详细，执行起来就越轻松。比如：写上“上网查找六位生活导师”比“寻找生活导师”就更为详细。

安排合适的任务量，控制好节奏。一开始最好不要超过五项任务。

如果当天的任务没能完成，就把它放在第二天的最开始。

把自我巩固当成一种习惯。不管一开始你多不情愿，但坚持去做，你会越来越有动力。

不要等着被激发，采取行动本身就会帮助你激发自己的积极性。

一切都是为了保持前行。不要因为自己与梦想之间距离太大而备受打击，有时哪怕一次小小的行动也会促进事情的进展，所以一定要保持前进，哪怕像婴儿一样迈出小小的步伐。

保持前进、前进、再前进。通过沉思或冥想制订计划对你或许有帮助，但不要停滞不前。你的这一步也许走得并不完美，但它会指引你在下一步有所改善。

目前为止，生命中每一件给你带来收获的事，都是因为你采取了行动。

即使最完美的计划也离不开行动。梦想是现实的种子，而只有通过行动的耕耘、浇灌、修剪，才能培育出最美丽的人生花园。

第12章

支柱七：沉默

与最真实的自我相联结

大自然中的树木、花朵、小草都在默默地生长，星星、月亮、太阳都在默默地运行……我们需要沉默来帮助自己触摸灵魂。

——特蕾莎修女

现在我们已经研究到人生转变的最后一个支柱：沉默。我之所以会把它留到最后，是因为这是我最爱的部分。当然更主要的原因是，沉默是所有支柱中最有力的一个。

刚开始写这一章时，我抑制不住自己的心情想告诉你它是多么深刻广博，它一定可以点燃你认知的火花，向你展示超乎想象的力量。

现在的问题是，我所说的“沉默”指的是什么？为什么说它绝对有益，并且会使我们的人生产生巨大的改变？

我所说的沉默指的是通过冥想训练达到的一种状态。冥想最近变得非常流行，好莱坞演员在冥想，大学也设立了冥想社团，乡村歌手、牙医等各行各业的人们都开始前往印度拜访冥想大师，而且一去就是一个月。如今已有太多人参与到“沉默”这项全神贯注的活动中，希望从中有所领悟。

修复创伤的另一种方法

十五年前，你很难说服我安静地坐半个小时，而且什么都不做，什么都不想。我觉得自己生来就是要不停地做事情。我的父母都坚信，没有什么比每天都充实地工作，永远都会有工作等着你去做更好。

不知是基因遗传还是后天养成，我秉承的个人哲学指引我永远处于一种活动状态，哪怕是填写账单地址或表格，我也会让手中的笔在纸间穿梭。我从小就看着妈妈每天高效率地管理九个孩子：确保每个孩子都吃饱并且健康，每周洗大量的脏衣服，监督我们做家庭作业，把我们送到各自的兴趣班，晚上让所有孩子准时睡觉。空闲时间她还喜欢料理她的大花园，并且我们每个人都要帮她打理。

除此之外，她还喜欢自己做衣服。她会先把布料剪裁好，再用针固定每块料子，然后花很长时间把组合好的布料放在高档缝纫机下制作成型，她认为这个过程让她很愉悦。姐姐常常很用心地帮她，我则尽量回避。我曾经尝试帮妈妈穿针，但我根本无法把线穿进小小的针眼，从那以后妈妈做衣服时，我就假装上洗手间，偷偷溜出去跳蹦床，来发泄对做衣服这种傻事的不满。明明可以去买衣服，妈妈为什么非要自己做呢？

在我家，每个人都要学会工作，一项工作完成了还要主动寻找另外一项工作，我们把它称为“爱好”。可想而知，在这种家庭中长大的孩子必然很难立刻体会到静坐的益处，什么事都不做有什么乐趣和益处呢？

痛苦时，我常常能在沉默中找到愉悦。有时人生不就是这样吗？最糟糕的经历往往是老天赠与你的最好礼物。

有一天我接到一个电话，对方告知我，我的儿子因为吸食大麻被关进了监狱，而且远不止吸食大麻这么简单。我的儿子既有经商的天分，又有年轻人的天真，他认为既然他和同学、室友都需要大麻，何不寻找供货商成批采购？他根本没有意识到这样的行为叫作“毒品交易”。他直接参与了买卖，因此必须承担全部责任。

接下来的一年，我大部分时间都花在帮他摆脱困境上。犹他州的法律对违法者的惩罚非常严格。如果有人在无毒区持有或服用毒品，那么对他的指控就要提高一个级别。这让我们非常恐慌。儿子的律师说，事发的镇上有很多教堂，从他标注的地图上看，那里没有一条街道不是无毒区，这意味着检察官对儿子提出的必然是重罪指控。

儿子几近崩溃。整整几个月，他不停地经历开庭、定案、听证会。我经常在晚上接到他的电话，他是那么惊恐、绝望，犹如面对死亡之境。为了让他度过惊恐的夜晚，我拿着电话和他一聊就是几个小时。后来他被保释，但不允许离开犹他州，我经常去看望他，但家里的两个女儿也需要我，而我无法同时顾及两个地方，那种感觉像是被撕裂了一样。

这些事怎么会发生在我儿子身上？他高中时还劝导朋友们不要吸毒。你能否想象，一个母亲看到自己英俊年少的儿子和一群专门欺负年轻人的暴力成年罪犯在一起服刑是怎样的感受？艰辛付出并满心期待的光明未来可能因为这场悲剧彻底坍塌，你的内心又是怎样的感觉？

那段日子我极度焦虑，这导致我体内化学物质失衡，整夜无法入睡。我只能躺在床上想着，或许此刻一路奔跑到加利福尼亚再跑回来，就可以累得睡着了。我知道我不会真的跑，我只想好好休息一会儿，然而心却跳得厉害，仿佛自己真的在拼命奔跑。

我的精神科医生让我服用 β-阻断剂来缓解心跳过快的问题，但服用完这种药，我就像中了毒的动物一样，总是拼命地喝水。于是我把药扔掉，找到自然疗法医生。他测试完我大脑中的化学物质后发现，我大脑中的焦虑神经递质含量异常高，于是他让我服用调节大脑和体内化学物质的氨基酸。一周后，药物开始起效，我恢复了正常的睡眠。但医生不断地提醒我，我体内的焦虑神经递质含量依旧很高，并诚恳地建议我通过一些辅助方法减轻生活中的压力。

幸好最终法庭对儿子的指控减轻了，他的服刑期限也很短。这次教训让他受益终生，他告诉我，这次经历让他感觉像是重生，他也变得更加明智、更加谦逊，之前承受的痛苦是有价值的。事后我和儿子进行了深入的交谈，他知道是他的信念出现了差错才酿成这样可怕的后果，这次谈话也让我们变得比以往任何时候都要亲密。

他开始明白选择的重要性，并开始像一个成人一样承担起属于自己的责任，也学会了如何运用自己的知识和经验创造想要的生活。

戏剧性的一年终于结束，我也终于可以开始关注自己的健康。意识到某些可怕的事情可能毁掉你深爱的人的幸福和未来时，你会感受到威胁，也会变得极其脆弱，并努力挽回局面。这次经历彻底改变了我，我开始深思活着的意义，并清晰地听到有一个声音告诉自己，在我内心深处存在一个我从未到达过的地方。那一刻我意识到，我需要暂时卸下家庭的重担，到一个陌生的地方，彻底修复这段经历带给我的创伤。

在沉默中找到宁静、真理和光明

一天早上，我醒来的那一刻，突然发觉，几年前读过的那本名叫《成功的七项灵性法则》(*The Seven Spiritual Laws of Success*) 的书写得多么优美质朴。正是因为它，我决定前往加利福尼亚的乔布拉中心。去之前我并不知道他们能提供冥想训练，浏览过他们的网站后我才知道。我为自己预定了为期一周的冥想训练，从那一刻开始，我就觉得自己的心灵踏上了疗愈之旅。

几周后我来到加利福尼亚开始训练，这正是我疲惫的身心所渴望的。我每天和上百个人坐在一起冥想，狄巴克·乔布拉和戴维·西蒙两位医学博士轮流指引我们，并将他们的智慧传递给干渴的头脑和灵魂，我们每天都会学到不曾有的智慧。每天早晨和下午我们都会静坐一个小时，冥想可以巩固和整合新近接收的思想和智慧。整个过程让人感觉放松，整个生命似乎在焕发新的活力，而且当很多同样渴望获得平静和智慧的人与你一起经历这个过程时，你会感觉更加愉悦。我感觉自己的每一根神经都变得越来越放松。

一周的训练进行到一半时，西蒙博士要暂时离开，临走时他建议我们，第二天开始进行“沉默”训练。我的第一反应是，这不就是我们最近每天都在做的事吗？他解释道：“冥想训练进行到一半时，我鼓励大家尝试完全的沉默，这意味着你不和任何人交谈，不打电话，不看电视，甚至吃饭时也不讲话。”当你选择“沉默”时，只需在自己的名牌上写“沉默”两字戴在身上，其他人就不会过来和你交谈。经过沉默训练的人会得到更大的收获。

最初我并不欣赏这样的做法，毕竟，在这里我们非常享受与彼此畅谈，通过交谈，我们可以结识新的朋友，分享各自的收获，探讨改善生活的方式。我很赞同每天静坐几个小时，但谁会愿意放弃与这些志同道合之人交流的好机会呢？我认定一整天沉默对我来说毫无意义，我也不会参与到这个训练当中，我要和其他思维正常的人们交谈，继续享受交流的快乐。

第二天早上，我准备离开房间去参加训练。在打开门的一刻，我清楚地听见脑海中有个声音在说：“把名牌翻过来，写上‘沉默’。”这个声音不可能来自我自己，也不可能来自我的好友，因为我们都坚决反对。当你听到一个更明智的声音坚决地告诉自己该怎样做时，你只有听从，别无选择。我关上门，来不及思考太多便用笔在我的名牌上写下了“沉默”。走出房间时，我唯一的想法是：“好吧，让我看看这到底会怎样。”

当你的嘴巴完全停止工作，不再喋喋不休时，你会觉察出另一些东西。当天我很快就意识到，我是多么依赖语言来证明自己的存在。当你和所有人都不能交流时，你唯一能交流的只有自己。只有独处时，我才意识到自己曾经总是很努力地避免面对自我的某些方面。在此之前，我只敢打开一条缝隙向内窥视自我，一旦发现令我不快或还没准备好面对的问题，我立刻就会关闭这扇通向自我的大门。这一次，我独自一人站在敞开的大门前，而唯一与此连接的就是最真实的自我。

那一天，我的情绪像一座活火山，但我没有任何方法宣泄。我不能与他人谈论我的催眠术有多么厉害，不能告诉他人室温应该升高一点，不能告诉身旁的女士她的蓝色衣服多么漂亮，不能与任何人谈论任何话题。那时，我不愿面对的一切都暴露在自己面前：伤痛、羞愧、内疚、自卑。我还发现自己也会因为害怕失去宠爱而不停地讨好他人，好让自己值得被爱，似乎这样才能证明自己的存在。

当天结束时，西蒙博士为我们朗诵了一首启示心灵的诗作。当他读到闪闪发光的城市存在于每个人的心里时，我似乎也感受到了它的光芒。情绪的火山最终在我的灵魂中爆发，好像无数灿烂的星星散落在我的每个细胞里。我突然明白了一个真相，这个真相其实我一直都知道，在过去的岁月里，我曾花费了大量的时间和精力，在外部世界绝望地寻找存在的意义，在那一刻，我才体会到它们就存在于自我当中。我的现在和未来像珍宝一样在自我中闪耀着光芒。

曾经的我不会在他人面前哭泣，不愿让他人看到自己的脆弱；

我也不喜欢在公共场合与人告别，那样只会把悲伤留给自己。但在那一刻，这些曾经遵守的原则都失去了意义，我无法阻挡像火山一样爆发的情绪。尽管我努力压抑澎湃的情绪，但我做不到，我要让我的情绪尽情宣泄，让我的灵魂充分享受闪耀的光芒。我开始流泪，眼泪中既含有释放出的悲伤，也有收获的喜悦，猛然抬头，才发现安静的房间里大家都在流泪。不知是不是我的泪水触动了他们，我希望他们也像我一样，感受到真理的光芒在灵魂中闪耀。

我深切地感受到，上帝是多么慷慨，当我需要他帮助时，只需打开心扉，保持清醒，他就会给予我所要的一切。我内心充满了感恩，感恩上帝永远耐心地为我指明方向，哪怕有时我是那么的自以为是，他却从不计较。

这次的沉默训练让我收获了人生最深刻的真理和秘密。脆弱无助时，我们常常告诉自己，他人也有脆弱的时候；准备出游时，我们也总是参考他人的路线，哪怕这些人根本不知道自己要去哪里，来自外部世界的对比与参考往往只能给我们带来暂时的安慰。

在外部世界寻找人生目标只会让我们偏离重心，让我们的生活更加失去平衡，获得真正持久的成功和快乐的秘密在于自己的内心和灵魂，这恰恰可以通过沉默的方法体验到。摒弃了杂乱想法和情绪的沉默像一片净土，在那里我们可以找到宁静、真理和光明。离开乔布拉中心之前，我决定报名申请教师资格考试。这次经历让我受益匪浅，我希望能和更多的人分享自己的收获，一年之后我正式成为了这里的冥想导师。

最伟大的空虚感

狄巴克·乔布拉说：“冥想并不是让你的思维静止，而是让你穿越每天产生的五万个想法，从而让身心归于平静。”

在帮助别人的过程中，我深切感受到，能够在自我当中找到宁静平和的空间是一件美好的事情，但似乎总是难以实现。每个人其实都向往那样一个空间，只是苦于找不到方法。

谈到冥想，很多人会问我：“我怎样才能停止思考，感受沉默？我没办法阻止想法产生。”这似乎有点讽刺，对于我们来说最难做到的事情真的就是什么都不做？在当今社会，去做什么、做了什么总是被过分强调。我们总是被困在“做”的残酷竞争中，以至于让自己处于这种简单的存在状态是那么困难。

冥想确实是一种简单的存在状态，而这恰恰是它有益于健康的主要原因之一。如果你释放了所有背负已久的、来自自己或他人的期望，每天给自己哪怕半小时的时间去体验这种状态，让你的身体和神经系统充分感受平静，那么你的寿命将会延长很多年。

想要达到纯粹放松的沉默境界，可以遵循以下五个简单步骤：

1. 选择一个安静的地点有规律地进行冥想，并不一定要在室内。你可以播放柔和的音乐，点燃几根蜡烛，任何能让你放松下来的方式都可以附加进去。如果冥想的地点在室外，则要选择温度适宜的地方，最好不要在直射的阳光下冥想。

2. 以舒服的姿势坐下。如果盘腿坐在地板上不舒服，你也可以坐在椅子上。腰背挺直，头要端正，坐好后闭上眼睛。

3. 首先做三次深呼吸，用鼻子把气吸进去，再用嘴巴把气呼出来，体验整个脊柱也跟着呼吸的节奏起伏。三次之后恢复正常呼吸。

4. 放空所有的思想，专注于呼吸的节奏，或者轻声重复一些简单的语言，比如“我很健康”“我是完整的”“我很平静”，一旦有想法跑出来，立刻把注意力转移到呼吸或语言上。记住不要关注语言的意义，否则那也会变成想法，你只需把它当作一种声波。不断重复这些语言可以帮助你远离思考，进入沉默境界。

5. 尽量有规律地进行冥想。最好每天两次，早上一次，下午或傍晚再做一次，每次半小时到一小时为佳，如果每次只能冥想十五分钟，你也会很受益。

我们可以将在冥想和沉默中体会到的感受称为“伟大的空

虚”，但我觉得这还是无法准确地描述我的感受。在沉默中我没有杂乱的想法，但依然能够充分感知自己和世界万物的无限潜能，我更倾向于把这种感受描绘成在巨大而平静的意识海洋中潜水，我是一滴渺小的水滴，完全融入到无边的海洋。我感觉自己与上帝和宇宙合为一体。

如果坚持在生活中练习沉默，它会成为你巨大的财富。在沉默的状态中，你会源源不断地得到各种问题的答案、好的创意及未来的无限可能，因为在那个状态，你可以触及到一切事物的根源。

在沉默状态中，你的问题不会消失，但会变得简单明了。我们的问题总是被人为放大，而在沉默状态中，我们的关注点不再是渺小的事物，而是广阔的意识和世间万物。就像在镜子前，我们不再仅仅关注脸上的脓包，而是将注意力放到自己的面容、双眼以及脓包周围光滑的皮肤上。

当眼界变得更为开阔时，我们的问题就没有想象中那么严重了。当你带着问题进入到沉默状态中，你会发现你根本无需焦虑和挣扎，宇宙的智慧就在为你提供答案。

处于混乱嘈杂中的我们尽管付出了很多努力，但仍然无法接触到来自根源的最强大力量。只有在沉默状态中我们才能最近距离地感知上帝。在沉默的空间里，我们的存在状态常常发生巨大的变化。如果你真的花点时间练习冥想，你会惊讶地发现，你从中得到的益处多得超乎想象。如果你能更加投入，你会发现，没有任何方式比它给你的健康、幸福、成功带来的帮助更大。

我希望每个人都能通过沉默这个转变支柱，找到自己独一无二的自我存在感。

第三部分

明/智/地/创/造/理/想/人/生

YOUR NEW CREATION BEGINS

当我们采取最积极的行动，当我们出于爱而非恐惧和愤怒，当我们意识到选择带来的益处，当我们被爱和信任的能量包围，吸引力法则就会开始发挥作用，帮助我们将理想生活中的各种品质、细节、场景吸引过来。

第 13 章
发挥意愿的力量

没有人能回到过去或重新开始，但是任何人都可以从今天开始，书写一个全然不同的结局。

——玛利亚·罗宾逊

我写这一章并不是想给你强加任何宗教教义或信仰，而是想让你认识到，自身的意愿和行为具有某种内在力量。如果我省略掉这部分，我们的人生转变指导体系就会变得不够完整严密。我希望你不要忽略一些看似不重要的事情，因为它们也许会对你的过去、现在和未来产生巨大的影响。尽管这本书中介绍了大量的概念和方法，但最终还是要由你自己决定怎样将它们运用到自己的生活中。

简单来说，业力（业力是指个人过去、现在或将来的行为所引发的结果的集合，业力的结果会主导现在及将来的经历，个人的生命经历及他人的遭遇均会受到自己的行为影响。——译者注）就是因果报应。现在这个词已经变得家喻户晓，慈善家们乐于接受这个概念。它还成为了电视节目的主角，情景喜剧《我的名字叫厄尔》的主人公厄尔在每集中都会用搞笑的形式为自己犯的错误买单。

我十几岁大的孩子不同意我的决定时，甚至会跑过来告诉我：“妈妈，你会遭报应的！”我在想，我的曾祖母会怎样回应这样的情景呢？她生活的那个年代可是根本没有这个概念的。

世界一直在变，我相信这些变化必定在朝着好的方向发展。尽管我们要面对很多挑战，但我相信我们都在变得更加完善、明智，也能够更好地掌控未来。

业力是一个跟觉悟有关的概念。试想如果人类意识不到自己的意愿和行为之间存在什么因果关系，那将会陷入怎样的混乱啊。如果脑中完全没有因果概念，我们将变得更莽撞，整个世界也就更为混乱。

业力这个词源于梵语，有“造作”“行动”“做事”的意思，也包括各种意念和行为引起的相应结果。这个词汇已经被用得非常普遍，很多宗教和古训也在用各自的学说宣扬这个概念。虽然不同的宗教会以不同的形式阐述这个观点，但表达的意思都相同：一个人的想法、语言和行为都会导致一些结果，而这些结果会对他的人生经历甚至来世都产生影响。正如《圣经》里写道：“一个人播下怎样的种子，就会有怎样的收获。”

意愿的力量

几年前我读过大卫·霍金斯（David Hawkins）的《心灵的正能量与负能量》（*Power vs Force*）。这位作者拥有惊人的才华，他完成了里程碑式的研究工作，这本书中处处体现着他非凡的智慧。他在书中阐述了因果关系的本质。

他认为，人类的意识发展得太过缓慢，人们往往忙于纠正问题的结果，不去关注产生问题的原因，而这些原因就存在于我们的意识中。

此外，霍金斯博士在医学博士约翰·戴尔蒙德的研究基础上，做了更进一步的研究，他发现人们的肌肉反应可以确定刺激物是积极的还是消极的，也就是说人们可以判断如美德、艺术、语言、有毒物质等任何物质的能量特质和精神特质。

他还将不同的事物进行了分类：积极的事物具有能量特质，消极的事物具有力量特质。能量具有建设性，它可以让事物高尚、奋进、伸展、延续。力量是破坏性的，它让事物分化、消耗、毁灭、瓦解。书中详细列出了人类意识的能量及力量模式，我建议大家仔细阅读这本书。

霍金斯博士在书中给我们安排了一次深刻的精神之旅，这是多么奇妙的阅读体验。其实直觉已经告诉我们，现实中存在因果报应，而且我们相信它。当我们采取最积极的行动，当我们出于爱而非恐惧和愤怒，当我们意识到选择带来的益处时，我们自然会感觉很好。

当我们被爱和信任的能量包围时，所有好的事物都会被我们吸引过来，因为我们处于稳定的状态，并且充满爱。而力量往往伴随着反作用力，当我们试图强迫自己摆脱胆怯、恐惧及被操纵感时，它们反而会被吸引到我们身边，而且会变得更强。这就是《秘密》告诉我们的：实相化是一种巨大的力量，你渴望吸引什么就要成为什么。如果你充分享受那份拥有的感觉，那么你就会像磁铁一样，把所有渴望的美好事物都吸引过来。

透过业力，我们可以看到，宇宙是一个精确的计算系统，你做出的每一个选择都会影响你的状态和行为，然后这一切又会融入到宇宙大环境中。你所有的思想、语言、行为的能量不仅决定了你处在宇宙空间的哪个区域，同时也会影响本身的能量场。

因此认识到你所处的位置非常重要，之后你要考虑自己想要在哪个区域。业力就是你的行为和意愿结出的果实。

我们如何才能知道自己的思想行为对外部世界产生了怎样的影响呢？犹太教认为忏悔是人们觉知业力法则的好方法，忏悔之所以如此重要，是因为我们每个人都有阻止人类痛苦的力量。对于全人类的痛苦，我们每个人都需要反省，自己的行为是否加剧了悲剧或灾难的发生。

喝一杯咖啡都会产生业力

你一定听说过这种说法，你的行为、思想、语言、意愿会产生一种力量，不断地对你自身产生影响。这个规律适用于万事万物。

狄巴克·乔布拉经常说，就连喝一杯咖啡都会产生业力。这并没有好或不好之分，事实就是这样。

你可以从这个角度看待喝咖啡这件事：你对加利福尼亚种咖啡的农民及他的家庭做出了贡献，然后你的胃部环境变得酸性更强，这样可以减小你患结肠癌的风险，并且它还清洁了你的肝脏。如果这杯咖啡中的咖啡豆属于非有机生产，你还为农药的使用做出了贡献。

显然有些行为是良性的，有些则是恶性的，但这些结果在整个业力中可以相互中和。关键是，你所做的任何选择都与自身息息相关，你所做的每一件事都不是白做的，它们同属于一个更大的环境，因此我们不仅要为自己的生活负责，还要为其他人负责，我们的行为很可能会给他人的生活带来痛苦或快乐。

如果你能有所觉察，你会发现现实生活反馈给你的信息都带有怎样的能量特质。觉察可以让你变得更有洞察力，而洞察力被认为是一种高级的精神特质。它能够让你看到事物固有的能量特质，这一点不同于判断力，它不会让你评判事物。

创造天堂还是创造地狱？

显然，洞察力的培养需要时间和阅历。如果一个两岁的孩子偷吃了饼干并说了谎，可能是因为他还小，无法理解后果的严重性，人们一般不会评判他是小偷或者说谎者。如果一个三十二岁的中年人从姐姐的钱包里偷了钱，那么业力能量的反馈就完全不同了，人们会认定他是个不折不扣的小偷。行为背后的动机和背景不同，反馈到行为当事人的能量也就不同。

我们每天醒来都有一整天的机会去创造，而我们的意愿和行为背后的动机决定了我们创造的是天堂还是地狱。给自己一个小小的提醒，告诉自己要利用好这个绝佳的机会，从现在开始，每天都要去反省。你的业力只属于你自己，努力去把它变成一份绝妙的礼物吧。

第 14 章

七大支柱彻底改变生活

要去寻找好的思想，因为既然你必然要去接触一些事，为什么不去接触那些令人愉悦的事呢？

——亚伯拉罕·希克斯

很高兴可以在这里探讨量子物理问题。如果想量化地解释我们与浩瀚宇宙之间的关系，研究量子物理则是最佳的选择。

放眼四周，你会发现全世界的人都在探求生命的本质与意义。吸引力法则已经在很多主流媒体当中出现过，其中包括热映的电影和畅销书。在这些影视和文学作品中，吸引力法则经常得到人们的赞美，因为它具有强大的力量，可以塑造我们的生活。而量子物理可以解释微观世界如何影响宏观世界，从而帮助我们从量化的角度更好地理解宇宙的吸引力法则。

在这一章，我希望将量子物理、现实的本质和吸引力法则以及实现转变的七大支柱整合为一体，从而让其帮助我们在生活中实现不可思议的神奇转变。

爸爸告诉我的宇宙秘密

尽管我的家庭经历过一些动荡，但我还是将其当作一笔财富。很幸运我的父母都是内心强大的人，他们坚信通过积极的思考没有什么困难是无法克服的。当我长大一些，开始了解人情世故，我终于明白了父亲在教导我吸引力法则时所扮演的角色，而这些都内化为我人生哲学的一部分。

我清楚地记得，在我满十五岁的那一天，爸爸带着我和姐姐去旅行。我坐在爸爸的凯迪拉克汽车的副驾驶座位上，姐姐在后排睡觉。爸爸觉得需要增进我们父女间的感情，于是和生意伙伴预定了科罗拉多河为期一周的漂流之旅，这两位爸爸都带着各自最年长的两个女儿出来游玩。在旅途中，我们正听着音乐，而爸爸突然伸手按下按钮，关掉了音乐，然后开始谈论人生，确切地说是谈论我的人生，比如我是谁、我认为我是谁。这不是爸爸第一次和我谈起这个特殊的话题。事实上，当时我在想："天哪，他又来了，又在说这些晦涩的宇宙上帝之类的玩意。"

开始的几分钟我心不在焉地听着，脑海里还在想分开一周的男朋友以及我不在时朋友们会做什么。爸爸一直在说，突然，青春期的我有了一丝触动，我意识到爸爸正在认真地和我分享他的阅历。我渐渐明白这对他来说有多重要，也许我应该用心听一听。接下来他说的话足以让我铭记一生。他告诉我人们通常认为上帝是个住在天上的大人物，他决定着你过得怎么样，然而事实是上帝比任何人都伟大，他的伟大不是我们的头脑能想象得出来的。

接着爸爸又说了一番话，这彻底改变了我。他说："正因为上帝可以存在于任何地方或任何事物中，所以他也在我的心里。因此，不管我想成为什么样子，我都可以，只需要相信自己已经成为想成为的那个样子。"

我觉得这些话很有道理，那一刻，我认识到上帝的伟大，也觉得他一定是无限的，而他的无限让任何事都变成可能。我从心底里觉得这个观点正确无误，这是我关于宇宙吸引力法则的第一堂课。

让吸引力法则发挥作用的秘密

量子科学告诉我们，思维和情绪怎样吸引着生活中发生的事情。吸引力法则是真实的，而量子物理对于它为什么是真实的以及为什么是有效的给出了科学的解释。但就像我在前言中提到的，人们开始对吸引力法则不那么着迷了。许多人发现即使钻研了这个法则，然后努力尝试相信自己能成为想要成为的样子，但他们还是达不到目标。宇宙似乎没有接收到他们的信念，他们的生活并没有得到明显的改变。

想象一下自己突然决定参加赛跑。虽然你有点状态不佳，但你厌倦了无所事事，觉得是时候行动起来了。你不再盘算赛跑前需要做哪些准备，而是让自己相信，去参赛就是一个很好的想法，只要有激情就一定能到达终点。于是你打起全部精神，走进赛场，开始奔跑。可是你突然发现你的鞋磨损严重，而且它根本不是跑鞋。接着你开始觉得脚有些疼痛，然后你发现膝盖也在抽痛，这些疼痛开始影响你迈出的每一步。

过了一会儿，你感觉自己的精力在快速流失，而比赛才刚刚进行到三分之一。最后你终于明白，尽管你有激情，但这并不能解决问题。这一想象很生动地描述了一些人在指望吸引力法则帮自己解决问题时遭遇到的挫败感。

如果你一开始不知道要面对什么问题就匆忙走上赛场，那么不管比赛看起来多么轻松或令人兴奋，你都会觉得这是一件困难的事情。如果不探索潜意识深处的想法，那些固有的思维模式和信仰仍然会充斥在我们的脑海里，进而影响我们的想法、情感和关注的事物。

那些我们关注、思考并投入情感的事物也会反过来继续对我们产生影响，使我们周遭的现实变得与潜意识中想的相同。总之，思维的转变会帮助我们觉察将要发生的事情，以及如何改变想法和情感的状态，以此让我们做好准备，并享受有意识地运用吸引力法则带来的愉悦。

感恩：最强大的吸引力要素

现在让我们总结一下七大支柱各自的重要性，并探讨它们怎样影响我们的能量场，进而让自己成为茫茫宇宙中的灯塔，以发现存在于身边的美好事物。

自我坦诚：当我们能够诚实地表达自己的感受和恐惧，尤其是对自己表达时，我们就不再需要努力求得自我认同，因为我们已经拥有真实的灵魂，它比自我认同更有意义。真实地活着让我们总体上吸引到的都是诚实的人、关系和场景。之后，我们就能在更深层次的信任基础上求助于人。

对自我坦诚能够让你承认并原谅自己的缺陷和不完美，进而弥补和改善这些缺陷，且不再虚伪狂妄。当你原谅自己时，就不会再对自己那么严厉，也不会产生诸如“我怎么这么愚蠢”之类的批评想法。

诚实地发现自己的优势并予以肯定，学习从错误中吸取教训，这些能为你吸引来真正渴望的品质，也会吸引来同样具有真实品质的人。当你诚实地对待并原谅自己的缺陷时，你的注意力就转移到了那些能够引起你灵魂共鸣的人或事物上。当你的自我进一步提升时，你也会吸引到同样层次、同样具有真实灵魂的人。

观察：在创造新生活时，观察是我们最好的朋友。它的职责是帮我们中断混乱的思维，防止我们走上固有的思维道路，不被引领到错误的方向。通过不断的练习，观察可以防止我们产生绝望和困惑的情绪。当我们进入观察模式，就会暂时脱离自动思维和情感反应，在纯粹的观察中存在无限的可能。

选择：不论是在自我坦诚状态下的行动，还是认真观察自己选择某种思维、语言、行为时所产生的意识，都会唤起我们的力量。明白了这个道理，我们也就理解了我们所生活的量子世界，理解了选择的重要性。我们做出的每个选择，不管看起来多么微不足道，都会在我们生活的量子世界产生能量转移。

我们的浩瀚宇宙会对任何身处其中的事物负责。我们的每个想法、每句话都不会无缘无故地存在，它们都会对我们的生活产生必然影响，因此我们要慎重、敏锐、有目的地做出选择。

责任：当我们下定决心要为自己的生活负责时，就像在对宇宙做出庄严的声明，从此我们将主宰自己的人生。当我们掌握了对自己和对生活的主动权时，我们就会展现出我们的人格力量和独创性。每天大声地向宇宙宣布："我完全可以掌控自己的人生！"宇宙就会带着无限的智慧对我们做出回应。

想象：想象力就像一位伟大的人生设计师，给我们带来新的风景，计划出一场场精彩的冒险，并塑造出最好的自己。不要低估想象的力量，它能让我们最精彩的梦想化成现实。想象的能量是量子世界中迷人而强大的吸引力要素。

行动：行动非常重要，因为它直接关乎我们的生活，并对我们生活的环境产生深刻的影响。采取行动会让我们协调自己的心理、情感、价值观等，进而让我们变得更有吸引力。当我们处于运动状态时，我们周围的事物就会产生能量转换。想在创造的过程中，充分利用吸引力法则，唯一的方法就是亲身接触或亲自代表那些你所渴望的事物、人和地点。

如果你想真正地掌控生活，那么一定要经常接触那些你渴望之物的能量。如果你设立了梦想和目标，而自己却不采取行动，那么你相当于在告诉宇宙："我其实并不想得到我期望的东西。"确定你想要什么，然后每天醒来后，尽可能多地去做有利于实现这些愿景的事情。你所追求的事物便会产生一个相应的量子世界，你在物质世界里付出越多，就会从这个量子世界中得到越多。这个过程会带给你意想不到的收获。

沉默：如果我们经常沉默，它会成为实现我们的目标的最有力的吸引力要素。沉默能带给我们一个清静虔诚的空间去和上帝及世间万物沟通。当其他支柱发挥作用后，你可以把自己对于美好渴望的纯粹意愿释放到沉默当中。在沉默中，你不会被各种想法和情绪打扰，内心的渴望也不会受到外力的干扰。

你释放固有思维模式的程度以及带着明确的意愿进入平静状态的程度，决定了你的人生能否实现有力的飞跃。

运用新的转变工具，我们每天都可以让自己的意识水平达到新的高度，尤其是有关生活方式的意识。对我们所拥有的和所经历的事情心怀感恩尤为重要。感恩这个词充满着力量，我们既可以感受它也可以实践它。认识到我们的生活每时每刻都在被给予，我们才不会遗失宇宙送给我们的珍贵礼物。当窗外的花朵绽放，年迈的父母因为我们的到来而感到幸福时，我们要记得随时感恩这些美好的事物，这样我们才能打开通往幸福的华丽大门。

此外，我们还要特别感谢那些让我们变得强大的挑战，感谢那些激发我们内在智慧和才能的问题。在感谢的过程中，我们会发现自己很容易地找到了解决问题的方法，很自然地成就了更好的自己。人生就是一次不计终点的旅行，对旅程中的所有经历表达感恩是最强大的吸引力要素。

在我们的语言、思维、行动、感情、意愿与外界的互动过程中，似乎存在一种复杂而优雅的舞蹈，而我们完全可以踏着轻快的舞步，进入神秘的量子世界。

致谢

首先，我要感谢我的父母，因为你们给了我生命，一直关心爱护我。父母也是我创作此书的前进动力。同时我还要感谢亲爱的孩子们，他们的纯真、坚定与天真激发了我的创作欲望。我对孩子们的爱无私而深沉，也总是能从孩子们身上得到快乐、真诚和动力。当然，还要感谢迈克，即使不明白我为什么要这样做，却依然无条件地做我坚强的后盾。还要感谢待我如亲生女儿一般的玛格丽特和弗兰克，是他们一直以来的探望和关心，让我能够安心创作。

我善良的来访者们，通过电话诉说了他们的弱点，让我有幸和他们一起学习成长。在此，请允许我表达对这些来访者的感激之情，同时，我感恩上苍，让我拥有这么多可爱而仁慈的兄弟姐妹。对我们这个家族的爱，我言之不尽。

珍妮特、桃乐茜、凯茜、朱迪、艾维、丹妮、安、莱斯利、金姆，是你们从最开始就支持我，始终如一。生活因为你们而完整，我与你们一起欢笑，一起哭泣，互相鼓励。

感谢我的编辑斯蒂芬妮·冈宁。她为我的作品耗费心血，能和这样一位不可多得的搭档工作，真是一件幸事。

也十分感谢我的特殊导师与教授迪帕克·乔普拉、大卫·西蒙、琳达·贝妮特、K.C. 米勒、凯罗尔·卡特尔、盖里·贝雷格和马克·维克托·汉森，他们对我的创作同样做出了巨大贡献。

还要感谢詹森·亨得瑞、东·库普拉、萨姆·拉伊和贝弗利·博文，感谢你们提供技术层面的帮助，解决工作中的小问题。你们每个人都是我完成此书的关键。这本书的创作集众人心血，如果因为我急切地完成工作，而忘记感谢对此书做出贡献的其他人员，请原谅我的疏忽。

“iHappy 书友会”会员申请表

姓　名（以身份证为准）：＿＿＿＿＿＿＿；性　别：＿＿＿＿＿＿＿＿＿＿＿＿＿；

年　龄：＿＿＿＿＿＿＿＿＿＿＿＿＿；职　业：＿＿＿＿＿＿＿＿＿＿＿＿＿；

手机号码：＿＿＿＿＿＿＿＿＿＿＿＿；E-mail：＿＿＿＿＿＿＿＿＿＿＿＿＿；

邮寄地址：＿＿＿＿＿＿＿＿＿＿＿＿；邮政编码：＿＿＿＿＿＿＿＿＿＿＿＿；

微信账号：＿＿＿＿＿＿＿＿＿＿＿＿＿（选填）

请严格按上述格式将相关信息发邮件至中资海派“iHappy 书友会”会员服务部。

邮　箱：zzhpHYFW@126.com

微信联系方式：请扫描二维码或查找 zzhpszpublishing 关注“中资海派图书”

<table>
<tr><td rowspan="8">优惠订购</td><td colspan="2">订阅人</td><td></td><td>部门</td><td></td><td>单位名称</td><td></td></tr>
<tr><td colspan="2">地址</td><td colspan="5"></td></tr>
<tr><td colspan="2">电话</td><td colspan="3"></td><td>传真</td><td></td></tr>
<tr><td colspan="2">电子邮箱</td><td></td><td>公司网址</td><td></td><td>邮编</td><td></td></tr>
<tr><td>订购书目</td><td colspan="6"></td></tr>
<tr><td rowspan="2">付款方式</td><td>邮局汇款</td><td colspan="5">中资海派商务管理（深圳）有限公司
中国深圳银湖路中国脑库 A 栋四楼　　邮编：518029</td></tr>
<tr><td>银行电汇或转账</td><td colspan="5">户　名：中资海派商务管理(深圳)有限公司
开户行：招行深圳科苑支行
账　号：81 5781 4257 1000 1
交行太平洋卡户名：桂林　　卡号：6014 2836 3110 4770 8</td></tr>
<tr><td>附注</td><td colspan="6">1. 请将订阅单连同汇款单影印件传真或邮寄，以凭办理。
2. 订阅单请用正楷填写清楚，以便以最快方式送达。
3. 咨询热线：0755-25970306转158、168　传　真：0755-25970309
E-mail: szmiss@126.com</td></tr>
</table>

→利用本订购单订购一律享受九折特价优惠。

→团购 30 本以上八五折优惠。